FOYERS & COULISSES

SIXIÈME LIVRAISON

VAUDEVILLE

EN VENTE :

LES BOUFFES-PARISIENS
LES FOLIES-DRAMATIQUES
LES VARIÉTÉS
LE PALAIS-ROYAL
LA COMÉDIE-FRANÇAISE (2 vol.)

SOUS PRESSE :

LA GAÎTÉ ET LA TROUPE D'OFFENBACH
EN REPRÉSENTATIONS AUX BOUFFES (2 vol.)
LE GYMNASE (1 vol.)

Chaque volume : 1 fr. 50

Paris. — Richard-Berthier. 18 et 19, pass. de l'Opéra.

FOYERS
ET
COULSSES

HISTOIRE ANECDOTIQUE DES THÉATRES DE PARIS

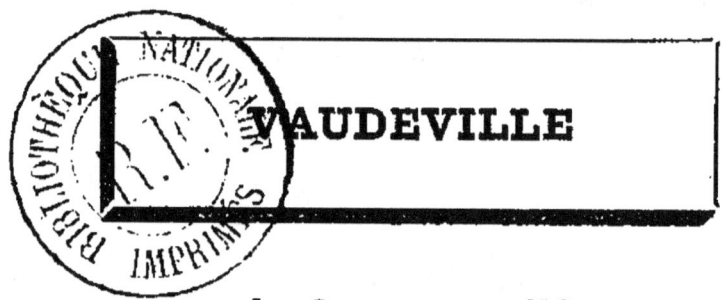

VAUDEVILLE

1 franc 50

AVEC PHOTOGRAPHIES

PARIS
TRESSE, ÉDITEUR
10 ET 11, GALERIE DE CHARTRES
Palais-Royal
1874

Tous droits réservés

VAUDEVILLE

(1790)

La Provence fut le berceau du vaudeville, considéré comme chanson, car c'est sous ce beau ciel que les troubadours commencèrent à chanter. — Les Normands, les Picards suivirent leur exemple, et peu à peu toute la France chanta. La liste des premiers chansonniers serait immense. On les appelait, comme chacun sait, *trouvères, troubadours, jongleurs, ménestrels;* il y avait même à cette époque des chansonniers désignés sous le nom d'*improvisateurs*. Quelques-uns prétendent néanmoins que l'origine du vaudeville ne remonte pas au delà du règne de François Ier, mais cette opinion est erronée. On trouve, en effet, dès le règne de Charles VI, une chanson sur le siége de Péronne par les Bourguignons. Tous les recueils des époques suivantes renferment de véritables vaudevilles. Les guerres de François Ier et de Charles-Quint, le siége de Metz, par ce dernier, le désastre de Pavie, la défaite du roi et sa longue prison à Madrid, le passage de Charles-Quint par la France et son arrivée à Paris, le combat de Jarnac et de la Chateigneraye, la mort de Henri III, l'insolence de ses mignons, la mort de Charles IX et celle de la princesse de Condé, le départ de Marie Stuart de France, lorsqu'elle alla chercher la couronne d'Ecosse (quelle couronne!); tous les grands événements furent chansonnés dès cette époque.

Les vaudevilles célébraient également Mars, Vénus, Bacchus, la Gloire, les femmes et le vin, toutes choses que les Français n'ont jamais négligées. Le vaudeville est donc français de la tête aux pieds. Voilà pourquoi ce genre est demeuré, chez nous, comme l'expression la plus franche de nos mœurs.

Quant à l'origine du mot vaudeville, elle ne remonte qu'au XVe siècle. Vers 1450, vivait un nommé Olivier Basselin qui était maître foulon, dans une petite ville de la Basse-Normandie, appelée Vire, et qui, pour se distraire de ses occupations, faisait des chansons. Olivier Basselin chantait au milieu des troubles et des guerres civiles qui affligeaient la France à cette époque. Un fait honorable pour les chansonniers, c'est qu'on trouve dans une vieille chronique qu'Olivier Basselin fut tué dans une sortie que firent les Français après la bataille de Formigny, bataille dont le résultat fut de chasser les Anglais de la Normandie.

Olivier Basselin n'a laissé aucune trace de son passage; ses *Vaux de Vire* n'étaient connus et chantés qu'aux environs de sa ville natale. On appelait ses chansons des *Vaux de Vire*, parce qu'on les chantait à Vire et surtout dans le pays voisin, dit La Vallée ou Le Val, ou les Vaux-de-Vire. De là vint que par corruption l'on donna le nom de Vaux-de-Vire, puis enfin de Vau-de-Ville aux couplets qui couraient les environs, et que chantaient les paysans.

Le mot vaudeville a subi plusieurs modifications avant d'être définitivement inscrit

. . . . au grand dictionnaire,
« Qui fait, défait, refait, reste toujours à faire. »

On a d'abord dit : vaux-de-vire, comme on vient de le voir, puis voix de ville, et, enfin, vaudeville.

Qui sait si quelque jour on ne le débaptisera point encore une fois. Mais qu'importe le nom qu'on lui donne? Son esprit ne changera jamais, puisque, depuis son origine jusqu'à ce jour, il a rempli la même mission.

Quoique le vaudeville se plie à tous les genres, celui qui paraît lui convenir le mieux, c'est le genre satirique. Le vaudeville doit toujours être de l'opposition, sous peine d'être froid et bête. C'est à son courage, et même à son audace, que nous avons dû bien des fois le redressement de beaucoup d'abus.

On a dit que l'ancienne France était une monarchie tempérée par des chansons; ce qu'il y a de sûr, c'est que les vaudevilles les mieux tournés et les plus à propos ont toujours été l'œuvre de Français.

Pendant quelque temps, on appelait *Noëls* des vaudevilles que l'on rimait sur la Cour, les membres du Parlement et toutes les personnes haut placées. Mais ces productions, dégoûtantes de cynisme, ne doivent point être rangées dans l'histoire générale du vaudeville, si bien relatée par Brazier, ce vaudevilliste de la vieille roche.

La preuve que le vaudeville est un genre qui ne mérite pas le dédain que certains esprits affectent pour lui, c'est que, depuis qu'on chante en France, tous les pouvoirs ont déclaré la guerre aux chansons ainsi qu'aux chansonniers. Un cardinal fait enfermer dans une cage de fer un homme qui avait fait une chanson contre lui. Latude et Dalègre sont enfermés à la Bastille pour avoir chansonné la Pompadour. Le poëte Lamonnaie est envoyé aux Iles Sainte-Marguerite, par le Régent, à cause de ses couplets qu'il appelait Philippiques. Le Directoire déporte à Cayenne un pauvre chansonnier des rues, nommé *Pitou*, pour avoir fait une chanson contre Barras.

Clairville l'apprit à ceux qui ne le savaient pas, en faisant chanter à la *Fille de Mme Angot* :

> Barras est roi, Lange est sa reine...
> C'n'était pas la peine, (*bis*)
> Non pas la peine, assurément,
> De changer de gouvernement.

Napoléon ne permettait pas que l'on chantât tout haut. Béranger paya de neuf mois de prison ses couplets contre le pouvoir. En un mot, tous les gouvernements, toutes les censures se sont déchaînées contre le vaudeville. Il n'est donc pas si petit compagnon qu'on veut bien le dire.

On verra, au fur et à mesure que nous avancerons dans le sujet, que le vaudeville a presque toujours été persécuté. On verra tous les efforts qu'il a été obligé de faire pour devenir un genre de littérature chez nous.

De tout temps, on a laissé prendre au drame, à la comédie, de grandes licences, et, quand le couplet voulait faire entendre, sur de petits airs, des petites vérités mises à la portée du peuple, on lui mettait bien vite un bâillon. Lorsque nous parlerons de la censure dramatique, et nous aurons souvent l'occasion d'en parler, nous prouverons que, sous tous les pouvoirs, elle a été plus ombrageuse, plus méticuleuse, plus tracassière pour le couplet que pour aucun autre genre. Cela s'explique. Huit vers, sur un air de pont neuf, c'est si vite retenu! cela va si loin!

Le mot vaudeville a eu jadis une signification plus large que maintenant. Les anciennes comédies, faites sur des événements du jour ou sur une des anecdotes scandaleuses, étaient appelées des vaudevilles. Dans le *Chevalier à la mode*, de Dancourt, le Chevalier dit, en parlant de ses vers : « On les a retenus, on en a fait des pièces de théâtre, et, en moins de deux heures, ils sont devenus vaudevilles. »

Enfin, dans beaucoup de pièces anciennes et modernes, soit en prose, soit en vers, les auteurs finissaient par des couplets que les acteurs chantaient successivement. On trouve de ces exemples dans *Legrand, Fagan, Dancourt, Dufresny* et

Lesage; *Beaumarchais, Colin d'Harleville, Picard*, ainsi que beaucoup d'autres, les ont imités.

Ces sortes de couplets, qui sont tout à fait hors de l'action, s'appelaient des *vaudevilles*. On nomme encore aujourd'hui les couplets qui terminent les petites pièces des *vaudevilles finals*. Les vaudevillistes disent généralement : « Ma pièce est terminée, je n'ai plus que mon vaudeville à faire. »

Le vaudeville final se meurt, on ne l'emploie plus guère que dans les revues de fin d'année, sous la rubrique de : *couplets de la fin*.

Quant au genre en lui-même, son histoire n'est pas moins curieuse en raison de l'influence satirique qu'il a exercée à toutes les époques. Brazier nous fait voir combien le vaudeville a subi d'améliorations depuis les chansons obscènes de Gauthier-Garguille jusqu'aux chansons de Désaugiers et aux odes de Béranger.

Il y a loin de 1600 à 1815. Nous le verrons sous tous les *costumes*, tantôt roi, tantôt sujet, tantôt soldat, tantôt berger, paré de fleurs et de rubans, donnant le bras à Favart pour assister aux noces d'*Annette et Lubin*, ou bien courant de cabaret en cabaret, pour s'enivrer avec des poissardes et des raccoleurs. Nous le verrons simple et naïf, gai ou tendre; dans les camps, animer les combattants par ses refrains guerriers, puis à la cour ou dans le boudoir des courtisanes à la table des fermiers-généraux, sablant le vin mousseux, et se moquant de la sottise dorée.

Nous le verrons en soutane ou en capuchon chez les nonnes qui lui payaient ses refrains et ses gaudrioles en biscuits et en confiture.

Nous le verrons au théâtre, les bras nus, s'égosiller aux grands jours des révolutions; il sera d'abord gamin, puis peuple, à mesure qu'il grandira. Enfin, il a ri quand il fallait rire, il a pleuré quand il fallait pleurer, il a assisté à toutes nos gloires comme à tous nos désastres.

On dit, dans le *Ménagiana* qu'un bon recueil de vaudevilles est indispensable aux écrivains qui veulent s'occuper d'histoire. J'ai toujours été de l'avis de Gilles-Ménage.

Pour mettre de l'unité dans notre travail, nous prendrons l'histoire du vaudeville à la comédie italienne, puis aux foires Saint-Germain et Saint-Laurent. Viendront ensuite les autres théâtres par ordre chronologique : le Vaudeville, les Variétés, le Panorama, le Gymnase, les Nouveautés, le Palais-Royal et les théâtres des boulevards.

On verra que le vaudeville a eu bien des luttes à soutenir, bien des combats à livrer pour obtenir droit de bourgeoisie dans notre littérature. Une anecdote qui remonte à plus d'un siècle de date le prouvera.

En 1773, Panard fit jouer à la foire Saint-Germain une pièce intitulée : le *Vaudeville*. Dans cette pièce, Momus ouvre la scène avec sa fille, sous le costume de la Foire. Celle-ci avoue à son père qu'elle est malheureuse parce qu'elle aime le Vaudeville, que l'Opéra-Comique ne veut pas reconnaître comme genre de littérature. Momus trouve un expédient pour consoler sa fille, et profitant de l'arrivée de Bacchus et de la Joie, père et mère du Vaudeville, il obtient leur consentement. Alors la Foire Saint-Germain prend la robe d'un avocat, plaide devant Apollon la cause de son amant, prouve que le Vaudeville est bien reçu, bien fêté partout, qu'il est malin, espiègle, satirique, et qu'il plaît à la ville comme au village. Apollon rend un arrêt par lequel le Vaudeville est mis en possession de tous les droits du Parnasse.

Eh bien! malgré ce jugement solennel rendu par la bouche d'Apollon, le vaudeville eut beaucoup de peine à obtenir main-levée de l'interdiction qui pesait sur lui; car, plus tard, Sedaine, qui détestait les vaudevilles, faisait chanter dans un de ses opéras comiques, le couplet suivant, en haine des *Amours d'été et des Vendangeurs*, vaudeville de Piis et Barré, qui, à cette époque, attiraient la foule à la Comédie-Italienne :

« Bonhomme Vaudeville,
Laissez-nous donc tranquilles ;
Amusez-nous par vos propos
Et par vos jolis madrigaux ;
Mais ne quittez pas vos hameaux,
Bonhomme Vaudeville. »

Comme on voit, Sedaine n'était pas plus ami de la rime que du vaudeville.

En entreprenant l'histoire du vaudeville, a dit Brazier, on marche sur le terrain de feu dont parle Horace, Horace ! autre vaudevilliste d'une certaine renommée. Heureureusement, ajoute Brazier, que je le connais ce terrain, heureusement que je sais qu'au théâtre, cet étrange bazar, on rencontre de tout, ainsi que l'a dit Piis :

« Machinistes, femmes de chambre,
« Allumeurs, pompiers, quel mic-mac!
« On y sent l'eau-de-vie et l'ambre,
« L'huile et la pipe de tabac.

C'est le pays des séductions et des désenchantements ! On y fait des rêves d'or... on y a d'affreux cauchemars !... on y rit, on y grince des dents, c'est le paradis de Milton !... c'est l'enfer du Dante !...

Les amours-propres y étant continuellement en présence, les bonnes et les mauvaises passions s'y heurtent sans cesse. Un succès vous fait des myriades de petits ennemis ; si vous réussissez deux fois, l'envie vous prend à bras le corps ! On vous presse la main dans la coulisse à droite, on vous bafoue dans la coulisse à gauche.

On lit dans l'*Etoile* que, en 1577, des Italiens appelés Gli-Geloni, que le roi Henri III avait fait venir de Venise, commencèrent à jouer leur comédie dans la salle des Etats de Blois. Le roi leur permit de prendre un *demi-teston* de ceux qui viendraient les voir jouer. Le dimanche 19 mai 1577, ces mêmes comédiens furent installés à l'hôtel du Petit-Bourbon, rue des Pouies, à Paris. Ils prenaient *quatre sous* par personne, et il y avait un tel concours de peuple que quatre prédicateurs de Paris n'en avaient pas la moitié autant quand ils prêchaient. Cette troupe ne demeura pas longtemps, vu les troubles qui agitaient le royaume, et principalement la capitale.

En 1584 et 1588, il en parut une seconde et une troisième, mais on n'a pas recueilli les noms des acteurs et des actrices qui les composaient, ni les titres, ni les sujets des pièces qu'ils représentaient. Henri IV, dans une expédition qu'il fit à Pavie, amena une troupe de comédiens italiens, qui s'en retournèrent deux ans après. Ils furent installés rue de la Poterie, au coin de celle de la Verrerie. Ils étaient à la solde du roi. Dans une satire, il est dit qu'il y a assez d'autres bouffons à la cour, sans que besoin il soit que le roi Henri en fasse venir de l'étranger. La première actrice de cette troupe jouissait d'une grande réputation comme comédienne et comme femme du monde; elle s'appelait Isabelle Andréini.

Nous rions du charlatanisme des affiches : Voulez-vous savoir comment on annonçait une pièce en 1588 ?

AUJOURD'HUI LA 1re REPRÉSENTATION DE

LA ROSAURE

Impératrice de Constantinople

Au théâtre du Petit-Bourbon, par la grande troupe italienne, avec les plus agréables et magnifiques vers, musique, décorations, changements de théâtres et grandes machines, entremêlés entre chaque acte de ballets d'admirable invention. »

Les personnages des pièces italiennes s'appelaient toujours : Polichinelle, Arlequin, Pantalon, Scaramouche, Trivelin, Scapin, Pierrot, Pasquariel, Colombine, Isabelle, Zerbinette, etc.

En 1662, des comédiens italiens jouèrent à l'hôtel de Bourgogne, rue Mauconseil, sur l'emplacement où était, il n'y a pas encore longtemps, la Halle aux cuirs. Ces acteurs avaient le titre de comédiens italiens du roi, dans leur *hôtel de Bourgogne,* mais ils ne représentaient que de mauvais canevas, des scènes détachées ou arrangées. Les premiers bouffons improvisaient beaucoup ; on convenait d'un thème, on entrait en scène, l'un donnait la réplique, l'autre répondait ; de là des choses d'une nullité, d'une sottise dont le théâtre du temps n'offre que trop d'exemples.

Pour en donner une idée, il suffira de mettre sous les yeux des lecteurs l'analyse d'*Arlequin lingère du Palais :*

Arlequin, habillé moitié en homme, moitié en femme, paraît dans le fond d'une boutique de lingère, contigüe à celle d'un limonadier. Quand il se montre du côté de l'habit de femme, il crie : « Des chemises, des torchons, des caleçons » ; puis, se tournant du côté de l'habit de l'homme, il paraît dans la boutique du limonadier, où il crie : « Des biscuits, de la limonade, des macarons, du chocolat ». Ainsi, il vend d'un côté de la toile, des bonnets, et de l'autre du café et des liqueurs. Pasquariel, dont il s'est moqué sous les deux costumes, finit par deviner la ruse, mais non sans avoir été longtemps mystifié.

Dans la scène suivante, Arlequin est habillé en nourrice suivi d'un homme qui conduit un âne, sur lequel est un berceau ; c'est encore Pasquariel dont Arlequin se moque en lui amenant un enfant de nourrice ; le vieillard jure, s'emporte et dit qu'il y a trente ans qu'il ne fait plus d'enfants. Arlequin veut à toute force lui laisser le marmot ; Pasquariel donne un coup de pied dans le ventre d'Arlequin qui crie : Au secours ! au secours ! je suis grosse de quatorze mois » et il se sauve en se moquant de Pasquariel. »

Tous les canevas du théâtre italien sont taillés sur le même patron. Ces chefs-d'œuvre étaient accompagnés de couplets appelés aussi vaudevilles.

Les Italiens eurent toujours de la peine à demeurer en France. Le mardi, 4 Mai 1697, M. D'Argenson, lieutenant-général de police, muni d'une lettre de cachet du roi, se transporte à l'hôtel de Bourgogne, accompagné de commissaires, d'exempts, et de toute la robe-courte, appose les scellés sur les portes du théâtre, rue Mauconseil et rue Française, sur celles des acteurs et des actrices, avec défense à ces derniers de se présenter pour continuer leur spectacle, le roi ne jugeant pas à propos de les garder à son service. On a jamais connu les motifs d'une suspension si brusque.

De 1697 à 1716, aucune troupe italienne ne vint à Paris ; mais le 18 mai de cette dernière année, le duc d'Orléans, régent du royaume, rappela en France les acteurs italiens. Ils débutèrent à l'Hôtel de Bourgogne. Dans les premiers temps, ces comédiens ne parlaient qu'en italien ; peu à peu ils parlèrent moitié italien, moitié français. Enfin, la langue française prévalut ! Ce fut vers cette époque que l'on joua des ouvrages plus réguliers.

Colalto, Ricoboni, Morand, Fagan, Legrand, y donnèrent des comédies assez agréables. Marivaux y fit représenter les *Jeux de l'amour et du hasard.*

Le Vaudeville, à cette époque, était tout à fait misérable. Après avoir donné un échantillon du dialogue, nous allons citer les couplets que l'on chantait dans les parodies italiennes. Dans le *Jaloux,* joué en 1723, Trivelin dit à son maître :

> Pour rompre ce mariage,
>   Monsieur, sauvons-nous,
> Allons chercher un asile
> Je trouve cela facile.

Ce à quoi Colombine répondait :

> Et moi itou, et moi itou.

En voici une autre :

> Un mari doit-il s'engager
> Et d'une femme se charger
> Du vivant de la première ?
> Lerela, lere lan lère,
> Lerela, lere lan la.

Dans *Arlequin Roland,* Angélique chante à Médor :

> Votre constance est triomphante,
> Mon cœur se fend :
> Epargnez ma vertu mourante,
> Mon cher Roland.

Et Roland répond galamment :

> Ne craignez rien, petit bouchon,
> Je suis sage comme un Caton,
> Ne crains rien, mon petit bouchon.

Cela a-t-il jamais ressemblé à des couplets ?

Et quand on refléchit qu'alors le théâtre français brillait dans toute sa gloire, que Corneille avait fait le *Cid,* les *Horaces, Cinna ;* que Molière nous avait légué *Tartufe,* les *Femmes savantes,* le *Misanthrope,* et tant de chefs-d'œuvre immortels, on se demande comment des comédiens, qui prenaient pompeusement le titre de comédiens du roi en leur *hôtel de*

Bourgogne, osaient débiter en public tant de niaiseries et de grossières équivoques.

La comédie italienne a compté trois générations d'arlequins : *Vicentini*-Thomassin, *Biancoletti*-Dominique et Carlin-*Bertinazzi*. Chacun de ces acteurs avait un talent spécial ; Dominique jouait les arlequins malins, spirituels, vifs. Carlin, au contraire, excellait dans le naïf et le naturel, ce qu'on appelait alors *Arlequin-balourd*, ce qui ne l'empêchait pas de mettre beaucoup de grâce et d'esprit dans son jeu.

Un jour qu'il n'y avait que deux personnes dans la salle, on n'en fut pas moins obligé de jouer pour elles. Quand le spectacle fut fini, Carlin s'avança sur le bord du théâtre et invita un des deux spectateurs à s'approcher. « Monsieur, lui dit-il, si vous rencontrez quelqu'un en sortant d'ici, faites-moi le plaisir de lui annoncer que nous donnerons demain la même pièce qu'aujourd'hui ».

Ces trois comédiens qui étaient si gais au théâtre étaient fort tristes à la ville ; Thomassin en offre un exemple. Dévoré par une mélancolie qui menaça de le conduire au tombeau, cet acteur alla consulter le médecin Dumoulin qui, ne le connaissant pas, lui conseilla, pour toute recette, d'aller voir l'italien de la comédie italienne. Dans ce cas, répondit Thomassin, il faut que je meure de ma maladie, car je suis moi-même cet arlequin auquel vous me renvoyez. Cette anecdote a fourni à Joseph Pain le sujet d'un vaudeville joué à la rue de Chartres.

Il est juste de citer aussi le célèbre Camérani, célèbre, celui-là, à cause de l'originalité de sa personne. Il remplit pendant plus de quarante ans les fonctions de semainier à la comédie italienne. C'était un gourmand fieffé. Il mourut d'une indigestion de pâté de foie qu'au beau milieu de la nuit il avait entamé tout seul.

Le Vaudeville fut longtemps stationnaire, mais, vers 1660, Favart, qui avait déjà donné quelques ouvrages agréables, obtint de grands succès. Cet auteur fécond et gracieux a, pour ainsi dire à lui seul, créé un genre de vaudeville que nous appellerons *pastoral* ou *villageois.* Il donna *Annette et Lubin,* qui produisit beaucoup d'effet. Le public, qui n'avait entendu chanter jusqu'alors que de méchants couplets, parut goûter ceux de Favart, qui, en effet, ont le mérite d'être bien tournés et de n'offrir que des images agréables.

Ensuite, figurez-vous ces petites pièces pleines de grâce et de naturel, représentées par des acteurs tels que Laruette, Clairval, Caillot et surtout par Mme Favart, cette actrice connue par ses talents, son esprit et sa liaison avec l'abbé de

Voisenon, qui, si l'on en croit la malignité publique, fut l'auteur d'une partie des pièces qu'elle publiait sous son nom ou sous celui de son mari.

Mme Favart a eu l'avantage de jouer devant M. le Maréchal de Saxe, quand il donnait des bals et des spectacles à ses avant-postes. C'était le temps où l'on faisait la guerre en talons rouges, le temps où l'on se découvrait devant les Anglais en les invitant à faire feu les premiers.

En 1780, deux auteurs : Piis et Barré, jetèrent un vif éclat.

A cette époque la comédie italienne jouait de grands opéras. On avait conservé jusque-là l'habitude de mêler de la prose aux couplets ou des couplets à la prose : Piis fut le premier qui fit des vaudevilles tout en chansons. Cet essai fut bien accueilli et la comédie italienne joua successivement les *Amours d'été*, les *Vendangeurs*, la *Veillée villageoise*, etc. Dans les *Vendangeurs*, le bailli se justifiait en couplets de défendre le vin, la danse et la balançoire.

« La balançoire à la santé
   « Ne saurait être utile ;
« Car plus le corps est agité,
   « Moins l'esprit est tranquille.
« L'honneur est alors en suspens,
   « Et si la corde casse,

« Ce n'est jamais qu'à vos dépens
« Que l'amour vous ramasse. »

Comme on le voit, le Vaudeville prend une sorte de couleur. Ces ouvrages joués par Michu, Rosière, Trial, Dorsonville, Thomassin (fils de l'ancien Arlequin), par Mmes Nainville, Trial, Colombe, Gontier, Dugazon, faisaient fureur.

Mme Gontier excellait dans les rôles de fermières, de paysannes; elle était parfaite dans la nourrice de *Fanfan et Colas*.

Elle faisait rire et pleurer tout à lafois.

Mme Gontier aimait beaucoup la plaisanterie, et pourtant elle était sévère sur les pratiques religieuses. Quand elle devait jouer un rôle nouveau, ses camarades l'ont souvent vue, derrière une coulisse, se signer très-sérieusement et dire tout bas avec émotion : « Mon Dieu, faites-moi la grâce de savoir bien mon rôle. »

Dominique ne pouvait pas souffrir un bon mot contre l'Eglise. Carlin était fort dévot; Trial et sa femme assistaient tous les dimanches à la grand' messe de leur paroisse; Champville faisait ses Pâques. Mlle Colombe offrait elle-même le pain béni. Enfin, on connaît l'anecdote d'un pauvre diable chargé de remplir les rôles dits *accessoires*.

Un jour que l'on représentait les *Deux Chasseurs*, il faisait un orage affreux; les éclairs brillaient ; le ciel était en feu. L'*ours* entre en scène ; au moment où il passait devant le souffleur, un coup de tonnerre retentit. L'acteur est tellement effrayé, qu'oubliant qu'il est dans la peau d'un ours, il se dresse sur ses deux pieds, fait le signe de la croix et continue son rôle au milieu d'un rire universel.

Vous allez peut-être penser que ces vaudevilles qui attiraient la foule faisaient la fortune de ceux qui les composaient ? Point !... Ces pièces, qui avaient valu plus de cent mille écus au théâtre Mauconseil, n'ont point rapporté douze cents francs à chacun de leurs auteurs. Vous voyez que ce n'était pas le bon temps du Vaudeville.

Cette guerre déclarée à la chanson continua, et petit à petit le flon-flon disparut de l'affiche de la Comédie-Italienne. Ici finit l'histoire du Vaudeville à ce théâtre.

On a bien quelquefois représenté de ces sortes d'ouvrages dans les salles Feydeau et Ventadour ; mais c'était de loin en loin, pour célébrer une victoire ou pour chanter une circonstance.

Au 18 brumaire, on joue les *Mariniers de Saint-Cloud*, à propos de la chute du Directoire ; plus tard, *Vadé chez lui et le Tableau des Sabines*, vaudeville composé en l'honneur du peintre David et dans lequel Dozainville, dont parle Henri Monnier, était si comique et si amusant.

Voyant que le théâtre, qui avait été son berceau, lui avait été fermé à tout jamais, le Vaudeville alla frapper à toutes les portes, et toutes les portes lui furent ouvertes. Ce fut peut-être un malheur pour lui ; car depuis qu'on chante partout, on ne chante nulle part.

THÉATRES

DES

FOIRES ST-GERMAIN ET ST-LAURENT

Voici deux théâtres dont l'histoire est sans contredit fort amusante. Bien avant qu'il y eût des spectacles dans les deux localités d'où ces théâtres ont tiré leurs noms, on y montrait des marionnettes, et le fameux Brioché y établit les siennes, qui sont, à ce que l'on assure, les premières que l'on ait vues à Paris. Il trouva bientôt des imitateurs, et Polichinelle se fit naturaliser français.

Polichinelle a joué un grand rôle aux foires Saint-Germain et Saint-Laurent, cela devait être ; il est si peuple, *il signor*

Pulcinella. On a voulu comparer Mayeux à Polichinelle ! Nous protestons de toute notre indignation contre une semblable calomnie. Et d'abord Mayeux n'a qu'une bosse, et Polichinelle en a deux. Polichinelle mystifie, Mayeux est mystifié ; Polichinelle est brave, Mayeux est poltron. Gloire donc à Polichinelle !

Après Polichinelle vinrent les animaux sauvages, les lions, les léopards, les tigres, les ours, etc. Les nains ont succédé aux géants (cela se voit encore), puis enfin sont venus les chats, les chiens, les rats et les singes.

On a vu à la foire Saint-Laurent des rats danser en cadence sur la corde, au son des instruments, se tenant debout sur leurs pattes de derrière et portant de petits contre-poids comme de véritables danseurs de corde. Il y avait une troupe de rats qui dansaient un ballet figuré sur une grande table au son des violons et avec autant de justesse que des danseurs de profession. Mais ce qui émerveilla surtout nos bons aïeux, ce fut un rat blanc de Laponie qui dansa une sarabande avec autant d'aplomb et de grâce qu'auraient pu le faire Richelieu ou Louis XIV. A la Foire Saint-Laurent, il y avait un singe qu'on appelait le *Divertissant;* il jouait du bilboquet et apprenait à jouer du violon.

Tout ce qu'on peut dire en faveur des

anciennes bêtes, c'est qu'elles auraient encore aujourd'hui la supériorité sur les nouvelles.

Ce fut à peu près vers l'année 1505 que l'on commença à voir des acteurs à la foire Saint-Germain. Les frères de la Passion voulurent les en chasser ; mais une sentence du lieutenant civil, du 5 avril 1595, maintint le nouveau théâtre de la foire, à la charge par lui de payer aux frères de la Passion *deux écus* par an.

La foire Saint-Laurent était située entre les rues du Faubourg-Saint-Denis et du Faubourg-Saint-Martin. Ces deux rues ont longtemps porté le nom de *Faubourg de la Gloire*. On ignore l'origine de cette ancienne dénomination. En 1609, ces deux foires offraient déjà deux loges de spectacle. On obligeait les acteurs à finir leurs jeux, en hiver, à quatre heures et demie du soir, à ne pas recevoir plus de *cinq sous* au parterre et *douze sous* aux premières; et de plus, à n'y rien jouer et n'y rien chanter sans l'autorisation et le visa du procureur du roi. On voit que la censure date de loin. En 1697, il y eut plusieurs loges dans chacune desquelles était une troupe de danseurs de corde et de sauteurs. Le nombre des directeurs qui ont exploité ces établissements est considérable. Les principaux sont : les frères Alard, Maurice, Bertrand, Saint-

Edme, Nivelon, le chevalier Pellegrin, Honteau, Restier, Francisque, Jean Monnet, Lécluse, Nicolet, Audinot, Favart.

Dans l'origine, les pièces dans lesquelles on chantait des couplets étaient jouées par des marionnettes. Les *loges* de la foire ne ressemblaient en rien aux théâtres actuels. Une loge était un lieu fermé par des planches où l'on dressait un échafaudage pour les spectateurs. Une simple corde était tendue pour les danseurs. On n'y voyait ni peintures ni décorations. Elles ressemblaient aux baraques que les bateleurs construisent maintenant pour courir les fêtes des environs de Paris.

Avant d'avoir des auteurs connus, ces deux théâtres commencèrent par reprendre quelques-unes des pièces qui avaient été jouées par les Italiens, bien avant leur suppression, ordonnée en 1597. Quelques danseurs de corde composaient aussi des canevas qu'on ne pouvait représenter qu'en y mêlant des tours de force et d'agilité.

Ce n'est donc qu'à partir de 1708 que ces spectacles forains donnèrent des pièces faites tout exprès pour des auteurs *en réputation*. Ces ouvrages étaient appelés *opéras comiques* mêlés de vaudevilles.

La Comédie-Française et la Comédie-Italienne, qui avaient bien des fois tourmenté les acteurs forains, leur suscitèrent alors de nouvelles chicanes. Vers 1710, jalouses des succès qu'ils obtenaient, elles leur firent défendre de jouer aucune *comédie par dialogue* ni même par *monologue*.

Les auteurs qui ont le plus travaillé pour l'Opéra-Comique sont : Fuselier, Dorneval, Laffichard, Carolet, Passard, Gallet, Legrand, Autereau, Laujon, Favart, Vadé, etc. Mais ce qu'il faut proclamer bien haut, c'est que René Lesage, l'auteur de *Gil-Blas*, René Lesage, ce si grand observateur, cet écrivain si distingué, ce moraliste si profond, a commencé par être vaudevilliste. Lorsqu'il vit les persécutions dont les pauvres comédiens allaient devenir victimes, Lesage se fit leur protecteur, c'est-à-dire leur auteur.

Lesage était jeune, sans fortune, sans appui, il fallait bien qu'il vécût d'abord pour devenir immortel ensuite. Le beau livre de *Gil-Blas* n'avait point encore paru. Lesage fit donc parler Arlequin, tout en rêvant à son archevêque de Grenade.

C'est ainsi que Lesage donna à l'Opéra-Comique cent et une pièces dans l'espace de vingt-six ans, c'est-à-dire de 1713 à 1739.

On a donné à l'auteur de *Turcaret* le

nom de fondateur de l'Opéra-Comique; c'est une erreur. Le genre existait avant que Lesage travaillât pour les théâtres forains.

Ces petits spectacles cherchaient sans cesse quelque ingénieux moyen d'échapper aux exigences du pouvoir qui les brutalisait. Panard l'a dit dans un vaudeville :

« Les lois ne sont qu'une barrière vaine
« Que les hommes franchissent tous;
« Car par-dessus les grands passent sans peine,
« Les petits par-dessous. »

On ne saurait se faire une idée de l'acharnement que mettaient alors les comédiens français à poursuivre les acteurs forains. Lorsqu'une ordonnance de police n'était pas exécutée immédiatement, ils envoyaient des gens pour démolir les loges.

Le 29 février 1709, le sieur Peltier, menuisier de la Comédie-Française, et plusieurs garçons de théâtre, portant haches, scies, marteaux, entrent dans la loge du sieur Holz, abattent une partie du théâtre et des loges, brisent les décorations et les bancs du parquet et se retirent en chantant leur victoire. Ces scènes se sont souvent renouvelées, mais les directeurs ne se rebutaient point et rebâtissaient leurs loges dès l'année suivante.

Ils apportaient, d'ailleurs, la même ténacité en toute circonstance. Quand on défendait aux acteurs de parler, ils jouaient des pièces toutes en chansons.

Les chansons étant proscrites à leur tour, Lesage, Dorneval et Fuselier imaginèrent les *écriteaux*. Chaque acteur avait son rôle écrit en gros caractères sur un carton qu'il montrait aux spectateurs. Ces inscriptions parurent d'abord en prose, on les mit plus tard en chansons. Voici de quelle manière on employait les écriteaux :

Dans *Arlequin, roi de Sirendib*, Arlequin paraît seul, après avoir fait naufrage sur la côte de Sirendib ; il s'avance dans l'île, il tient une bourse, se montre consolé de sa disgrâce et l'exprime ainsi par un écriteau qui descend du cintre porté par deux Amours, et déroulé par eux devant les spectateurs. Dès que l'écriteau était déroulé, l'orchestre jouait d'abord l'air du couplet, un compère placé dans la salle chantait, et le public faisait chorus, tandis que l'acteur qui était sur le théâtre en mimait l'intention.

On voit que de peine on avait pour faire comprendre une pièce tout entière. Car s'il y avait dedans cinquante couplets, il fallait cinquante écriteaux.

Eh bien ! le public se portait en foule à ce spectacle, tant il est vrai que l'opposition a toujours intéressé en France. Comme on savait toutes les persécutions que ces comédiens éprouvaient de la part du pouvoir, le public les en dédommageait en courant à leur représentation. Les auteurs qui, de leur côté, souffraient beaucoup de ces entraves, ne négligeaint rien pour se venger des grands théâtres. Dès qu'il paraissait un opéra, une tragédie, un drame, les écriteaux en faisaient prompte et bonne justice.

Les plus hautes questions de littérature étaient justiciables de ces marionnettes. C'est ainsi qu'à propos de la fameuse querelle des Anciens et des Modernes, on joua à la foire Saint-Laurent *Arlequin défenseur d'Homère*. Dieu sait les épigrammes qui furent lancées contre Dacier, sa femme et Lamothe-Houdart !

En 1722, un arrêt signifia aux directeurs forains, et notamment à un sieur Francisque, qui devait ouvrir une loge à la foire Saint-Germain, qu'il eût à se renfermer dans les danses de corde et de voltige. Francisque venait d'être ruiné par un incendie à Lyon. A force de solliciter, et en raison de ses malheurs, il obtint pour toute grâce un seul acteur parlant. Il fallait donc qu'il trouvât un auteur assez spirituel pour lui faire une pièce raisonnable, un monologue, et un acteur capable de le bien jouer à lui seul.

Lesage, Fuselier et Dorneval avaient bien préparé des pièces pour l'ouverture de l'Opéra-Comique aux foires Saint-Laurent et Saint-Germain ; mais connaissant l'interdiction lancée contre ces deux théâtres, ils conçurent l'idée de louer une loge sous le nom de Laplace, où ils firent jouer par les marionnettes des pièces de leur composition. Ils donnèrent, entre autre, *Pierrot Romulus*, parodie du Romulus de Lamothe. Le succès de ce vaudeville fut si prodigieux que le duc d'Orléans voulut le voir et le fit représenter à deux heures après minuit.

Francisque ne pouvant donc rien obtenir du triumvirat chantant, se souvint qu'on lui avait parlé d'un nommé Piron ; il courut chez ce dernier et se présenta d'un air désespéré : « Je suis Francisque, entrepreneur de l'Opéra-Comique, lui dit-il ; la police me défend de faire paraître plus d'un acteur. Lesage et Fuzelier m'abandonnent ! Si vous ne venez à mon secours, je suis un homme perdu ! Vous êtes le seul auteur qui puissiez me sauver ; vous faites de si jolies chansons ! Tenez, voilà cent écus ; travaillez, et comptez que ces cent écus ne sont pas les seuls que vous recevrez. » En achevant ces mots, il dépose la somme sur le bureau de Piron et s'enfuit à toutes jambes.

Piron, qui en voulait aux comédiens français de ce qu'ils laissaient moisir la *Métromanie* dans les cartons du Comité, Piron qui, comme Lesage, n'avait d'autre ressource que sa plume, se mit aussitôt à l'œuvre : il composa en huit jours *Arlequin-Deucalion*, qui eut un succès non nterrompu de cent représentations. Dès ce moment, Francisque s'attacha Piron, qui ainsi travailla longtemps pour l'opéra comique.

Les auteurs de ces théâtres se jalousaient également entre eux, comme l'ont fait depuis et comme le feront toujours ceux que l'amour-propre et l'intérêt mettent en présence.

Les acteurs de bois se moquaient des acteurs vivants ; les acteurs vivants crossaient les acteurs de bois. On habillait de petites marionnettes de manière à ce que l'on reconnût les acteurs qu'elles voulaient contrefaire ; elles imitaient leurs voix, leurs gestes, et se moquaient ainsi des comédiens français.

Une charmante actrice, nommée Mlle Maillard, femme de Maillard, qui jouait les *Scaramouches*, a été la meilleure Colombine de cette époque.

Les scandales ne manquaient pas plus alors qu'aujourd'hui : Maillard, mari de

Colombine, était un jour à la foire Saint-Laurent, dans la boutique d'un sieur Dubois, limonadier; la demoiselle Maillard vint à passer pour se rendre au théâtre et le salua. On demanda à Maillard s'il connaissait cette jolie actrice. « Eh ! cadédis, répondit-il, je suis pour le moins son amant. »

Touchez-là, lui dit un jeune officier qui ne le connaissait pas, je puis vous en dire autant. Maillard quitta le ton plaisant pour apprendre à l'indiscret qu'il parlait au mari de cette actrice. « Ma foi ! reprit l'officier, je suis fâché d'avoir été si sincère, mais j'ait dit la vérité. » Maillard se battit, et fut blessé, comme cela devait être.

Par suite des querelles dont nous avons parlé, les spectacles de la foire restaient quelquefois fermés plusieurs années. Jean Monnet obtint en 1751, le rétablissement de l'Opéra-Comique. Cette réouverture se fit le 3 février 1752. Vadé travailla beaucoup pour ce théâtre. C'est lui qui créa le genre *poissard*, genre qui n'a jamais paru digne de notre scène, du moins comme on le faisait alors. Voici un échantillon de ce qui se disait en plein théâtre et devant les femmes les plus élégantes du temps.

« Dit's donc, ma'me la comtesse, comme vous trottez avec vitesse? Avec vot' gentillesse, vous n'allez point z'à confesse? N'faites pas tant votr' princesse, on sait c' que vaut vot' sagesse. »

Jean Monnet tenait avant tout à la vérité des costumes. C'est lui qui disait à ses comédiens : « Si vous n'avez pas toujours l'esprit de votre rôle, faites en sorte d'en avoir l'habit. »

Une circonstance qui fait honneur à l'Opéra-Comique, c'est que Préville, ce grand comédien qui comprit si bien Molière et toutes les larges compositions du grand siècle, Préville fut acteur forain. Ramené de Lyon à Paris par Jean Monnet, il joua quelques années à la foire Saint-Laurent, s'en retourna en province et revint débuter à la Comédie-Française à laquelle il était si digne d'appartenir.

La foire Saint-Ovide avait aussi des baraques, deux jolies salles de spectacle, des marionnettes et des marchands de pain d'épice. En 1762 on y mit en vente des figures représentant un jésuite sortant d'une coquille d'escargot et y rentrant. Ces charges devinrent à la mode. En 1771, la foire St-Ovide fut transférée de la place Vendôme sur celle Louis XV; mais dans la nuit du 22 au 23 septembre 1777, le feu prit aux baraques, aux boutiques et aux salles de spectacle : tout devint la proie des flammes. Audinot, Nicolet et d'autres directeurs donnèrent plusieurs représentations au profit des incendiés. Ce fut le premier exemple d'un acte de bienfaisance de cette nature.

Audinot, auteur du *Tonnelier*, et acteur de la Comédie-Italienne, fit bâtir à la foire Saint-Germain un petit théâtre de marionnettes qui attira longtemps la foule; et Nicolet, qui avait déjà le privilége des *Grands danseurs du roi* (ce théâtre fut l'origine de la Gaîté), allait, pendant la quinzaine de Pâques, donner des représentations à la foire Saint-Laurent.

L'Ecluse, qui était directeur d'un petit spectacle situé au coin de la rue de Lancry, menait aussi sa troupe jouer à l'Opéra-Comique.

Vers l'année 1780, ces théâtres n'étant plus suivis comme ils l'étaient auparavant, les troupes se dispersèrent, la Foire fut abandonnée, et une ordonnance réunit l'Opéra-Comique à la Comédie-Italienne; et sans le décret de l'Assemblée nationale qui, en 1791, abolit les priviléges en permettant à tous d'établir des théâtres à leurs frais, le Vaudeville, si florissant, serait peut-être mort depuis longtemps. Par un sentiment de vengeance assez pardonnable, M. de Piis, qui longtemps après devait devenir secrétaire général de la Préfecture de police, conçut l'idée de transporter son répertoire de vaudevilles sur un thâtre *ad hoc*, après avoir toutefois sollicité de la Comédie-Italienne une pension modique et trop méritée, qui lui fut refusée. De concert avec un bailleur de fonds, Rosière, l'excellent acteur, qui tenait si bien l'emploi des ganaches, c'est à lui qu'on attribuait la paternité de ce Laporte qui joua si parfaitement les Arlequins, enfin, avec l'assistance de Barré, le nouveau théâtre s'ouvrit rue de Chartres, le jeudi 12 janvier 1792, par les *Deux Panthéons*, pièce d'inauguration en 3 actes en vers, et vaudevilles de Piis. Longtemps l'affiche du théâtre porta sur son en-tête la devise de Boileau :

Le Français, né malin, créa le vaudeville.

Malgré ces guerres toujours nuisibles, toujours désolantes, l'administration de ce théâtre, tenue d'une main ferme par Barré, prospéra.

Pendant la période révolutionnaire, le Vaudeville eut à soutenir des luttes continuelles ; il fallait qu'à l'exemple des autres il jouât des pièces composées dans l'esprit du moment. Or, chaque auteur croyait devoir y mettre des restrictions, suivant ses propres opinions, ce qui valut aux opposants des scènes tumultueuses et parfois même de la prison. C'est ce qui arriva à *Barré, Radet et Desfontaines*, au sujet de leur *Chaste Suzanne*, où l'on crut voir des allusions au procès futur de Marie-Antoinette. Au moment où le juge dit aux deux vieillards, accusant Suzanne : « Vous êtes ses accusateurs, vous ne pouvez pas être ses juges ! » Des applaudissements et des sifflets partirent dans toute la salle, et bientôt le tumulte devint tel que l'on fit évacuer la salle ; quant aux auteurs, ils furent arrêtés quelque temps après. Fort heureusement que leurs amis les engagèrent à faire quelques couplets ; ils en improvisèrent, en effet, qu'ils envoyèrent au président de la Commune, avec une lettre en conséquence. Comme on le voit, à cette époque il n'y avait point de censure, on s'en prenait à l'auteur et aux acteurs dès qu'un couplet ou un mot provoquait une allusion comprise.

L'Empire interdit la politique au Vaudeville. Le théâtre dut se contenter de ce qu'on appelait alors les pièces de *galeries*. Tous les personnages célèbres, à divers titres, y passèrent. Le Vaudeville mit en chansons : Duguesclin, Condé, Turenne, Corneille, Racine, Molière, puis Jeanne d'Arc, puis Piron, puis Fanchon la vielleuse ; tout cela réussissait à ravir, il est vrai que la troupe était excellente, surtout en femmes. — On y remarquait Mlle Belmont, dont le triomphe fut Fanchon ; Mlle Rivière Minette, qui fut depuis engagée au Gymnase. — Plus tard, Virginie Déjazet (bien jeune alors!) Jenny Vertpré, etc., etc.

En décembre 1815, Désaugiers fut nommé directeur du Vaudeville à la place de Barré. C'est à l'occasion de cette nomination que Béranger improvisa ce couplet :

> Bon Désaugiers, mon camarade,
> Mets dans tes poches deux flacons ;
> Puis rassemble, en versant rasade,
> Nos auteurs puissants et féconds ;
> Ramène-les dans l'humble asile
> Où renaît le joyeux refrain,
>   Eh! va ton train,
>   Gai boute-entrain!
> Mets-nous entrain, bien entrain, tous entrain,
>   Et rends enfin au Vaudeville
>   Ses grelots et son tambourin.

Désaugiers suivit les conseils de Béranger, et s'entoura des meilleurs auteurs. Scribe, qu'on peut considérer comme le réformateur de l'ancien Vaudeville, avait donné, le 19 mai 1812, l'*Auberge ou les Brigands sans le savoir*, en société avec Delestre-Poirson ; trois ans plus tard, le même Scribe faisait jouer, avec et sans collaborateurs, *Une Nuit de la garde nationale*, *Farinelli*, le *Comte Ory*, le *Fou de Péronne*, le *Petit Dragon*, le *Nouveau Pourceaugnac*, la *Somnambule*, etc.

C'est de cette époque que date le vaudeville de mœurs, celui qui tend à se rapprocher de la comédie, et par l'idée et par l'intrigue. Par malheur pour le théâtre de la rue de Chartres, Scribe, à qui Poirson venait de proposer de prendre un théâtre à lui tout seul, s'en allait fonder le *Gymnase-Dramatique* et il emmenait avec lui Gonthier et Mlle Perrin. — Malgré ce coup, Désaugiers ne se découragea pas, et bien lui en prit. — L'intelligent et spirituel directeur se remit bravement à la besogne, et donna son *Va de bon cœur* et sa *Parisienne en Espagne*. En 1822, Désaugiers quitta la direction du Vaudeville, qui fut prise par M. Bérard.

Après avoir administré pendant trois années ce théâtre, M. Bérard sollicita et obtint du ministre de l'intérieur, Corbière, le privilége d'un nouveau théâtre, avec l'autorisation de le bâtir là où il voudrait : il fit bâtir le *Théâtre des Nouveautés*, place de la Bourse. En 1825, Désaugiers prit de nouveau la direction du Vaudeville. Qui mieux que lui savait choisir les bons auteurs : Theaulon, Ouvry, Sewrin, Gentil, Melesville, Bayard, Xavier Saintine, Dupin, Dupeuty, Duvert et Lauzanne, ces deux frères Siamois, du succès, qui inventèrent une langue, la langue d'Arnal.

Désaugiers mourut de la pierre, le 9 août 1827, vers une heure de l'après-midi.

Il s'était composé d'avance cette épitaphe digne de Scarron :

> Ci gît ! hélas ! sous cette pierre,
> Un bon vivant mort de la pierre.
> Passant, que tu sois Paul ou Pierre,
> Ne va pas lui jeter la pierre.

Désaugiers était, en même temps qu'auteur dramatique, un excellent comédien et un habile chef d'orchestre, talents qui lui furent souvent utiles à ses débuts, comme on va le voir :

En 1805, Désaugiers était à Avignon, où il jouait la comédie en compagnie de Lepeintre aîné et de Jacquelin. Un soir que, remplissant le rôle du père Thomas dans le *Club des bonnes gens*, il venait de chanter une espèce de ronde en deux couplets, le public, croyant à tort qu'il y en avait un troisième, se mit à crier :

— Le troisième couplet ! le troisième couplet !

— Mais il n'y en a que deux, fit tout bas Désaugiers à son camarade.

Et il allait essayer de passer outre, quand les cris redoublèrent.

Que fit Désaugiers ? il improvisa immédiatement un troisième couplet qui eut les honneurs du *bis*.

L'année suivante, revenant de Marseille avec quelques comédiens ses camarades, la petite caravane était encore loin de Paris, quand on s'aperçut que l'argent manquait absolument; les estomacs commençaient à crier. Désaugiers prit alors son violon, et, pour retremper le courage de ses amis, qui se refusaient à marcher, il leur joua des contredanses jusqu'à la barrière. Arrivés là, comme il lui restait un sou en poche il acheta un petit pain, le rompit en deux et dit en riant à Jacquelin :

— Veux-tu l'aile ou la cuisse ?

A la mort de Désaugiers, la direction du théâtre de la rue de Chartres passa entre les mains de MM. de Guerchy et Bernard-Léon, riche d'une troupe qui comptait dans ses rangs Arnal, Lafont, Lepeintre aîné, Lepeintre jeune, Bernard-Léon, Fontenay, Volnys; Mme Suzanne Brohan (la mère des deux Brohan), qui n'avait pas moins de talent que ses deux filles n'en ont aujourd'hui ; Mlle Louise Mayer, que la Russie enleva, Fargueil, Doche, Thenard, Guillemin, Atala-Beauchêne, etc. Les succès se multiplièrent. MM. Guerchy et Bernard-Léon dirigèrent le Vaudeville jusqu'en 1829, époque à laquelle la direction passa entre les mains de MM. Etienne Arago et Bouffé (ne pas confondre avec le célèbre comédien En 1830, le Vaudeville prit le titre de *Théâtre National*; sa vieille salle où l'on avait ri de si bon cœur, fut réduite en cendres par un incendie qui éclata dans la nuit du 16 au 17 juillet 1838.

L'autorité ayant décidé que le théâtre ne pouvait être reconstruit sur l'emplacement qu'il occupait, M. Etienne Arago et son associé trouvèrent d'abord un refuge dans divers théâtres de la capitale, puis s'installèrent provisoirement, le 16 janvier 1839, dans une petite salle appelée le Café-Spectacle, qui était située au Bazar Bonne-Nouvelle.

Malgré le petit cadre et le prix exhorbitant du loyer, le théâtre, grâce au succès de *Passé Minuit* et du *Plastron*, put se maintenir jusqu'au moment où il pût prendre possession de la salle de la Bourse, que la troupe de l'Opéra-Comique quittait le 16 mai 1840. Le lendemain, le Vaudeville s'installait dans la salle vacante.

A partir de ce moment son existence devient fantastique et les directeurs s'y succèdent avec une rapidité invraisemblable.

M. Etienne Arago cède son privilége à un marchand de rubans nommé *Trubert*, promptement mis en faillite, malgré l'immense succès des *Mémoires du Diable*. En 1842, M. Ancelot devient directeur et passe la main à M. Hippolyte Cogniard, en 1845. En 1846, la direction tombe aux mains d'un capitaliste nommé *Piltay*, puis *Lockroy*, lequel trouve la tâche trop lourde et se démet au bout d'un an. Il est remplacé par *Lefbvre Delaunay* et *De Coinon*, *Prat* et *Fleury*, *Bouffé* (pas l'artiste), *Paul Ernest*, *Lecour*, *Cardaillac*, *André Hoffmann*, qui avait acheté la part de *Lecour*, *Thibaudeau*, *Boyer*, *Lurine*, *Duponchel*, *De Beaufort*. — Dans les dernières années de cette époque, néfaste au point de vue matériel, brillante au point de vue littéraire, de nouveaux écrivains se firent jouer au Vaudeville, parmi lesquels : *Émile Augier*, *Alexandre Dumas* fils, et *Théodore Barrière* avec le *Mariage d'Olympe*, les *Lionnes pauvres*, la *Dame aux Camélias*, les *Filles de marbre*, les *Parisiens*, les *Faux bonshommes*. Enfin, M. *Harmant* prend en mains les destinées du théâtre qui reprend, sous sa direction, une nouvelle vigueur. *Octave Feuillet* et *Sardou* obtiennent de très-grands succès avec *Dalila*, le *Roman d'un jeune homme pauvre*, *Rédemption*, *Nos Intimes*, les *Diables noirs*, les *Femmes fortes*, la *Famille Benoiton*. *Lafont*, *Berton* père, *Saint-Germain*, viennent fortifier une troupe déjà remarquable. *Fargueil* porte, en grande comédienne qu'elle est, le poids d'un répertoire écrasant pour toute autre, et cependant, malgré tout, en dépit de succès éclatants et incontestables, la situation du Vaudeville semble toujours précaire. A qui s'en prendre? Aux artistes? Non! Aux directeurs? Pas davantage? Aux pièces? Non! puisqu'elles sont excellentes. C'est donc la salle, qui a tous les vices de construction, qui fait du Vaudeville un théâtre impossible qu'il est urgent de modifier. L'occasion de changer de local ne tarde pas à se présenter. — Le percement de la rue du 4 Septembre entraînait naturellement la démolition du Vaudeville, qui fit sa clôture, place de la Bourse, le 11 avril 1869, avec la *Dame aux Camélias*. — Cette salle de la place de la Bourse, construite sur les terrains jadis occupés par le passage Feydeau, avait coûté *trois millions quatre cent soixante-sept mille fr.*, elle fut revendue, en 1833, *onze cent mille francs*.

LE CAVEAU

De tous temps et à toutes les époques, les poëtes, les gens d'esprit, les fins diseurs, les gais disciples de Comus, ont aimé à se réunir en un même lieu, le plus souvent dans un cabaret, pour se livrer à d'intimes causeries. C'est ainsi que nous rencontrons à Rome, chez le cabaretier Coranus, Horace, Tibulle, Properce, Ovide, buvant le vin de Falerne, vantant leurs maîtresses et chantant quelque chanson bachique écrite par le poëte de Tibur, dans le mode inventé par Sapho, la dixième muse.

Au commencement du XVIIe siècle, à la *Pomme de Pin* (rue de la Juiverie), déjà illustrée par Villon et surtout par Rabelais, nous trouvons une réunion de poëtes qui avaient nom : Théophile Bergeron, Desbarreaux, Guillaume Colletet, Saint-Pavin et Luillier. « Bien souvent, raconte Urbain Chevreau en parlant de Colletet, nous allions manger chez lui, à condition que chacun y ferait porter son pain, son plat avec deux bouteilles de vin de Champagne ou de Bourgogne; et par ce moyen nous n'étions pas à charge à notre hôte. Il ne fournissait qu'une vieille table sur laquelle Ronsard, Jodelle, Belleau, Baïf, Amadis, Jamyn, avaient fait en leur temps d'assez bons repas; et, comme le présent nous occupait seul, l'avenir et le passé n'y entraient jamais en ligne de compte. Colletet, nous récitait, dans les intermèdes du repas, ou quelque sonnet de sa façon, ou quelque fragment de nos vieux poëtes que l'on ne trouve point dans leurs livres. »

Un peu plus tard, rue du Pas-de-la-Mule, chez la Coiffier, à la *Fosse-aux-Lions*, nous voyons une autre réunion de gentilshommes de la plume et de l'épée, tous francs buveurs et gais rieurs, formant une sorte de franc-maçonnerie bachique. C'étaient Saint-Amand, Nicolas Faret, d'Harcourt, Maître Adam (le Virgile au rabot), etc., etc.

La Société du Caveau a donc une généalogie dont elle peut être fière. C'est dans l'arrière-boutique de l'épicier Gallet qu'elle prit naissance à Paris, en 1729. Gallet, homme d'esprit et chansonnier, l'ami de Panard, de Piron, de Collé et de Crébillon fils, les invitait souvent à dîner. L'esprit et les couplets des convives égayaient ces repas. Mais l'épicier savait allier l'esprit futile d'Epicure au talent plus solide du commerçant; quand il avait quelque marché à conclure, il faisait asseoir à sa table les marchands avec qui il traitait, et ceux-ci, flattés de se trouver en si aimable compagnie, charmés des saillies qu'ils entendaient, concluaient plus facilement les affaires. Piron, qui s'aperçut du manége, dit un jour à Collé : « Je crois vraiment qu'il nous *prête sur gages*. » Gallet était soupçonné, en effet, de se livrer à l'usure. Quand le doute ne fut plus permis à cet égard, la Société prononça son exclusion, et M. Gallet fut prié de dîner le dimanche partout ailleurs qu'au Caveau.

C'était effectivement le premier dimanche de chaque mois, dans le cabaret de Landel, situé au carrefour de Buci et connu sous le nom de Caveau, qu'avait lieu la réunion.

Panard, Piron et Collé appelèrent à leurs dîners mensuels : Fuzelier, Saurin, Sallé, Crébillon, Duclos, Gentil-Bernard, Labruère, Moncrif, Helvétius, Rameau et le peintre Boucher.

Le bourgogne et le bordeaux jouaient un grand rôle dans ces tournois bachiques.

Si le trait porté contre un ouvrage nouveau ou l'épigramme lancée contre les absents et parfois même contre les assistants, portait juste, celui contre lequel il était dirigé devait vider son verre à la santé du railleur. Si, au contraire, il était mal dirigé ou de mauvais goût, l'auteur était condamné à boire un verre d'eau, tandis que tous les autres sablaient le bourgogne ou le bordeaux en l'honneur de la victime manquée.

Qui ne sait que le verre de Panard avait l'exacte mesure d'une bouteille de bordeaux et que Panard le vidait sans effort, pour célébrer, loin des censeurs, Bacchus aussi bien qu'Apollon, Eros aussi bien qu'Apollon et Bacchus. On ne se réunissait chez Landel que pour joûter d'esprit et de gaîté :

> Pour voir gentille fillette,
> Sitôt qu'on l'appellera,
> Pour percer une feuillette
> Dès qu'on la demandera,
>   Eh lon lon la
>   Landerirette
>   Eh lon lon la
>   Landel ira

Cette Société se dispersa à la fin de 1739, après avoir duré environ dix ans. Elle avait eu le tort d'inviter des grands seigneurs à ses séances. Ceux-ci, ne voulant pas être confondus avec les membres présents et tenant à marquer qu'ils venaient avant tout assister à un spectacle, refusèrent des siéges qu'on leur offrait. Le silence seul répondit à leur dédain ; mais cette aventure éloigna des réunions quelques membres à qui leur position de fortune commandait des ménagements ; d'autres quittèrent Paris, appelés par leurs fonctions en province ou à l'étranger. Une partie des membres du Caveau se trouva ainsi dispersée, et tous cessèrent de se réunir.

Le Caveau avait fait naître autour de lui d'autres sociétés chantantes : la *Société d'Apollon*, la *Société des Enfants de la*

Lyre. Lui, le premier en date, le premier par son esprit et par sa gaîté, ne pouvait mourir entièrement. Il se réveilla, en effet, en 1759, grâce au fermier général Pelletier, qui recevait à sa table, tous les mercredis, Marmontel, Suard, Boissy, Lanoue, Collé, Crébillon fils, Helvétius, Gentil-Bernard et Laujon.

Ces réunions, bien que consacrées à chanter, à rire et à boire, étaient moins gaies et moins libres que celles de la société précédente. Les hommes de lettres se sentaient peu à l'aise au milieu de tant de luxe, et ils se séparèrent de nouveau quelques années avant la Révolution. Pelletier leur en fournit le prétexte par son mariage avec une aventurière qui devait lui faire payer cher son obstination à ne suivre aucun conseil. Devenu fou, à la suite de ses chagrins domestiques, il mourut à Charenton.

En 1796, les *Dîners du Vaudeville* ressuscitent l'esprit du Caveau. Barré, Radet, Desfontaines et Piis en sont les fondateurs. Le règlement porte que le dîner sera mensuel et que chaque convive y dira une chanson. Armand Gouffé y fait entendre le *Corbillard*, puis sa *Grande Ronde à boire;* Ségur aîné, la *Chaumière;* Ségur cadet, le *Voyage de l'Amour et du Temps*. D'autres célèbrent les victoires de Bonaparte. Philippon de la Madelaine,

Emmanuel Dupaty, Laujon, Prevot-d'Iray, Dieulafoy, etc., complètent l'ensemble de cette société spirituelle, badine et patriotique. Elle vit le commencement du XIXe siècle et n'alla guère au delà. La dernière réunion eut lieu dans les premiers jours de 1802. Elle avait publié neuf volumes contenant les couplets chantés par ses membres. On en prit la fleur et on fit paraître les deux volumes bien connus sous le titre de : *Choix des Dîners du Vaudeville.*

En 1806, le Caveau revenait au Café de Cancale sous le nom de Caveau moderne. Armand Gouffé et le libraire Cappelle en furent les fondateurs. Ils y appelèrent Désaugiers, Brazier, Antignac, Piis, Ségur aîné, E. Dupaty, Laujon, Philippon de la Madelaine, Ducray-Duménil, Cadet-Gassicourt, Grimod de la Reynière, etc. Les dîners avaient lieu au *Rocher de Cancale*, rue Montorgueil, le 20 de chaque mois. Laujon, alors fort âgé, les présidait. Après sa mort, la présidence passa à Désaugiers. Ce dernier, excellent acteur et très-bon mime, chantait ou plutôt jouait ses chansons avec une verve qui allumait comme une traînée de poudre l'entrain et la gaîté. Ce fut pour le Caveau qu'il composa la plupart de ses chansons, entre autres : *Monsieur et madame Denis*, *Cadet Buteux*, la *Vestale*, et cette

Treille de Sincérité, chef-d'œuvre de fine satire :

> Cette treille miraculeuse
> Dont la vertu tient du roman,
> Passa longtemps pour fabuleuse,
> Chez le Gascon et le Normand ;
> Mais des garants authentiques
> Ont lu dans un savant bouquin,
> Que son raisin des plus antiques
> Existait sous le roi Pépin.
> Nous n'avons plus cette merveille,
> Ce phénomène regretté,
>   La treille
>   De sincérité.

En fait de treilles, les membres du Caveau n'en dédaignaient aucune. Désaugiers chantait :

> Le Mâcon m'invite
> Le Beaune m'agite,
> Le Bordeaux m'excite,
> Le Pomard me séduit ;
> J'aime le tonnerre,
> J'aime le madère, etc.

Ainsi, comme ses devanciers, le Caveau moderne unissait le culte du vin au culte de l'esprit, la gastronomie à la lyre. Chaque mois il rédigeait, sous le titre de *Journal des Gourmands et des Belles*, le compte rendu de ses dîners. Le nombre des adeptes s'augmentait : Jouy, Theaulon, Ourry, Eusèbe Salverte, Coupart, Rougemont, etc., prenaient place à la table des chansonniers. Des hommes illustres, lettrés, savants, des administrateurs, regardaient comme un honneur d'être invités. Mais, parmi tous, celui dont la réputation est restée la plus brillante, ce fut Béranger. Le *Roi d'Yvetot*, les *Gueux* et les *Infidélités de Lisette*, avaient appelé sur lui l'attention de Désaugiers, qui l'invita à un des dîners du Caveau; et ici nous laissons Béranger parler lui-même :

« En 1813, conte-t-il dans *Ma Biographie*, existait depuis plusieurs années une réunion de chansonniers et de littérateurs qui avait pris le nom de *Caveau*, en mémoire du Caveau illustré par Piron, Panard, Collé, Gallet et Crébillon père et fils. Désaugiers, à la mort du vieux Laujon, avait été appelé à présider cette société, dont les chants contrastaient alors si singulièrement avec les malheurs dont la France était menacée. Je n'ai jamais eu de goût pour les associations littéraires, et l'idée ne devait pas me venir de moi-même de faire partie d'une société. Désaugiers eut occasion de voir mes couplets, chercha à me connaître, et je ne pus résister aux instances qu'il me fit d'accepter de dîner au moins une fois au Caveau avec tous ses collègues, que je ne connaissais que de nom. Je m'y rendis au jour fixé, et j'y chantai plusieurs chansons. Chacun parut surpris que, si riche en productions de ce genre, je n'eusse jamais pensé à les publier. « Il faut qu'il soit des nôtres » fut le cri de tous. Pour obéir aux règlements, qui défendaient de nommer un candidat présent, on me fit cacher derrière la porte, un biscuit et un verre de champagne à la main. J'y improvisai quelques couplets de remerciement pour mon élection faite à l'unanimité, au bruit de joyeuses rasades et confirmée par une accolade générale. »

Ces couplets de remerciement commencent ainsi :

>Au caveau je n'osais frapper;
>Des méchants m'avaient su tromper :
>C'est presque un cercle académique,
>M'avait dit maint esprit caustique.
>Mais que vois-je ? de bons amis
>Que rassemble un couvert bien mis.
>Asseyez-vous, me dit la compagnie.
>Non, non, ce n'est point comme à l'Académie,
>Ce n'est point comme à l'Académie.

C'est du Caveau et au bruit de ses applaudissements que bientôt se répandit dans Paris et dans toute la France la renommée de notre grand poëte, de notre immortel chansonnier.

Les dissentiments politiques qui, après la Restauration, divisèrent la nation et les familles, n'épargnèrent pas le Caveau et amenèrent sa dissolution en 1817. Heureusement, dès 1813, un fils lui était né : *Momus* avait convié la chanson et la gastronomie à ses *soupers*. C'est là que se réfugièrent les membres fervents du Caveau défunt. Les *soupers de Momus* ne cessèrent qu'en 1828.

Dans ce pays où l'esprit vit sans cesse, le Caveau ne saurait entièrement mourir. M. Albert Montémont le reconstitua en 1834, et il n'a pas, depuis lors, cessé de se réunir. Le premier vendredi de chaque mois, la chanson se réveille. Les dîners, qui avaient lieu d'abord au pied de l'ancienne butte Saint-Roch, à deux pas du café de la Régence, dans le restaurant Pestel, se font maintenant au Palais-Royal, dans un des somptueux salons du café Corazza. Les convives sont les membres titulaires, les membres honoraires, les associés de la province ou de l'étranger, car il y en a de la Nouvelle-Orléans et de l'île de la Réunion, enfin les visiteurs, c'est-à-dire les personnes qui ont l'honneur d'être invitées par un membre titulaire. La société a un président, un vice-président, un secrétaire, un trésorier et un maître des cérémonies. Ces dignitaires sont élus pour un an. Les membres titulaires ne peuvent dépasser le nombre de vingt.

Il y a, dans les dîners du Caveau actuel, quelque chose du cérémonial académique plutôt que les libres allures et le sans-gêne des anciennes sociétés chantantes. Les vieilles traditions sont cependant respectées, un peu comme on respecte les cérémonies d'un culte. Les membres titulaires se tutoient, plutôt pour obéir au règlement que par abandon et par laisser-aller. L'habit noir est de rigueur, comme à l'Institut l'habit à palmes vertes. Un seul membre, avec sa face large, son air égrillard, sa gaieté de boute-en-train, son ventre majestueux et son vaste paletot noisette, semblait le vivant souvenir de l'esprit gaulois et de la joyeuse désinvolture de nos pères ; c'était Van Cleemputte, mort récemment, et dont on a dit :

> Collé, Piron ne sont pas, et pour cause,
> Avec Panard disparus ; car je vois,
> Grâce aux effets de la métempsycose,
> Qu'en Van Cleemputte ils revivent tous trois.

Le dîner est servi ; on passe dans la salle du banquet. Chacun prend la place que lui a assignée un numéro distribué dans la salle d'attente. Chaque numéro est orné d'un couplet, dans le genre de ce quatrain de Désaugiers :

> De la gaîté le doux attrait
> Embellit jusqu'à la sagesse ;
> De l'enfance c'est le hochet,
> Et le bâton de vieillesse.

Tout en déroulant sa serviette, chacun lit à demi-voix le couplet qui lui est échu : c'est, comme on l'a dit spirituellement, « le *Bénédicité* du Caveau. » Le président a devant lui, à sa droite, un grelot à manche d'ébène, c'est le grelot de la Folie, et à sa gauche, dans un étui en maroquin, le fameux verre de Panard. Ce verre, tiré de son écrin, fait le tour de la table pour recevoir le tribut d'admiration des visiteurs. Le repas, élégant et de bon goût, rappelle sobrement ces plantureuses agapes où les anciens chansonniers fêtaient l'Amour et le Vin, et, si la gaîté jaillit au dessert, c'est moins aux fumées du vin qu'à l'esprit des convives qu'il faut en faire honneur.

Mais voici le café et les liqueurs. Le président agite le grelot et donne ainsi le signal des chansons. Non-seulement les membres titulaires, mais les membres honoraires et associés, les visiteurs mêmes sont invités à faire entendre leurs productions.

Les hommes les plus honorables composent le Caveau : auteurs dramatiques, gens de lettres, médecins, avoués, etc. On n'y rencontre pas sans étonnement des personnages que leurs fonctions semblent éloigner de la gaieté et des rires. Gisquet, l'ancien préfet de police, en faisait partie. Parmi les membres actuels, citons Clairville, le vaudevilliste; Mahiet de la Chesneraye, poëte plein de sentiment; Louis Protat, mort il y a trois ans ; son étude, si gravement et si habilement dirigée, n'a pu faire complétement oublier certain péché de jeunesse ; Eugène Vignon, Poincloud, Busnach, Grangé, Vincent, Bernard Lopez, Duprez, le chanteur Saint-Germain du Vaudeville, en font partie.

Le 4 mai 1866, M. Jules Janin est venu s'asseoir à la table du Caveau. C'était M. Clairville, alors président, qui l'a accueilli par ces vers :

> Viens, suis la trace
> D'Anacréon,
> Toi, dont le nom
> Déjà rappelle Horace.
> L'esprit, la grâce
> Ont de nouveau
> Marqué ta place
> En tête du Caveau.
> Tout le pouvoir

>   Du gai savoir,
>   Tu peux l'avoir,
>   C'est l'esprit qui le donne ;
>   Pour le prouver
>   Sans trop rêver
>   Une couronne,
>   On peut te la donner.
>
>   . . . .
>
>   Quand on s'appelle, enfin,
>   Jules Janin,
>   On peut se passer d'un fauteuil,
>   On prend sa chaise,
>   On s'y met à son aise,
>   Et sans craindre l'écueil,
>   On se délasse en un joyeux recueil.

Le récipiendaire a commencé ainsi sa réponse : « Ayant fait partie, l'année dernière, du salon des *refusés* dans une autre enceinte, j'apprécie d'autant plus l'honneur et le bonheur de me trouver au milieu de vous. » Et il a terminé par ces mots : « Mes amis, mes camarades, mon cher Caveau, je bois à ta santé. » Et son verre vidé, il a été proclamé président d'honneur.

Deux mois plus tard, M. Jules Janin payait son tribut au Caveau. C'était à la séance des *mots donnés*. Cette séance a lieu une fois par an, dans quelque restaurant de la banlieue de Paris. Là, chaque membre chante la chanson ou lit la pièce de vers que lui a inspiré le mot dont le sort l'a doté dans une précédente séance. Jules Janin avait le mot *omnibus complet ;* voici le parti qu'il en a tiré.

> Le suprême omnibus, armé d'un noir plumet,
>   Parcourt incessamment la ville,
>   En portant, de façon civile,
> Le sénateur, le maître et le valet.
> Un voyageur docile est là fort à son aise,
> Le docteur, négligent de sa dernière thèse,
> Le ténor consolé de son dernier sifflet.
>
>   Sur les panneaux d'un vieux carrosse,
>   Un sablier en ronde bosse
>   Se dessine entre deux boulets,
>   Et la grande machine avance,
> Au milieu de la peur et du profond silence
>   Des bourgeois rougeauds et replets.
> Tout y viendra : la servante et la reine.
> Modeste enfin, la grande Célimène
> Y va monter sans montrer son mollet ;
> On y verra l'avare et la grisette,
> Et nos amours, Margot, Flore ou Musette,
> Un beau matin y viendront sans gilet.
>   Etc., etc.

Quelquefois encore, cependant, les vieux refrains et les flonflons résonnent au Caveau ; la gaudriole court-vêtue s'y montre même par intervalle. La poésie s'unit à la satire, et dernièrement encore on applaudissait vivement ces couplets de Flan, mort aussi depuis la guerre :

> Depuis un mois, le trois pour cent
>   Accuse une faiblesse

Dont chaque bourse se ressent ;
  Partout on voit la baisse.
Avec quels soupirs, quels regrets
  On dit : ça ne va guère...
Sapristi !... fichez-nous la paix
  Avec vos bruits de guerre !

Le gai printemps remplit nos mains
  De lilas... c'est sa rente ;
L'arbre à fruits cache les chemins
  Sous sa neige odorante ;
L'hirondelle à nos murs épais
  Revient comme naguère...
Sapristi !... fichez-nous la paix
  Avec vos bruits de guerre !

Mais bien souvent, au Caveau comme ailleurs, la poésie suit le courant du siècle. Ce n'est ni la chanson rieuse de Désaugiers, ni le refrain de Lisette, ni la romance aux pâles couleurs, ni la chanson rustique de Pierre Dupont. Les convives du café Corazza ne sont ni des buveurs, ni des porteurs de guitare, ni des bergers enrubanés, ni des laboureurs à l'aiguillon de houx ; ce sont des hommes de leur temps, et des hommes en habit noir. Si quelques-uns, pour obéir aux traditions, quelques autres par tempérament, reprennent parfois le fifre moqueur et le gai crin-crin du XVIIIe siècle, on reconnaît souvent sous ces airs des époques passées plus de convention que de franchise. Le Caveau, lui aussi, tressaille de notre vie. Cette institution vieillie se rajeunit au souffle des idées nouvelles. La gaîté, sans autre but que notre amusement, ne nous amuse plus. Nous ne sommes à l'aise, vrais et sincères, que dans l'expression des questions sociales et philosophiques qui agitent le monde. On en trouverait plusieurs exemples dans le recueil que le Caveau publie par livraisons mensuelles. Mais, pour durer, tout doit se transformer. La société du Caveau se dissoudrait, comme une Académie vermoulue, si elle n'admettait dans son sein des esprits modernes, si elle ne mêlait à ses chants joyeux des accents larges et sérieux. C'est par l'union de la gaîté de nos pères et des préoccupations de leurs enfants qu'elle prolongera son existence. Ce ne sera plus le Caveau de Collé, de Panard et de Désaugiers, ce sera le Caveau de ce temps-ci, et l'on pourra voir longtemps encore, dans cette réunion d'élite, les Muses légères et gracieuses, sous leurs voiles de gaze, près des Muses plus sévères dans leurs pensées et leurs vêtements : *Ridendo dicere verum quid vetat?*

LE FOYER

(ANCIEN)

L'entrée du logis donnant dans la rue des Filles-St-Thomas était sale et noire; le petit carré qui suivait enfumé, les quelques marches posées plus loin, graisseuses. Vous montiez un escalier inégal. Vous aperceviez le portier, vous grimpiez encore, puis encore en tournant, et quand, au risque de vous rompre le cou, vous aviez glissé dans un boyau étroit et sombre, vous poussiez du pied une porte en tole qui s'ouvrait et vous étiez dans le foyer du Vaudeville, assez large, assez spacieux, assez aéré orné de banquettes coquettement usées, de deux croisées soufflant la fraîcheur à la saison des frimas, et d'une cheminée donnant de la chaleur pendant la canicule.

Et maintenant, au milieu des artistes qui s'agitaient, s'égayaient, glosaient et médisaient des auteurs dramatiques qui venaient dans ce vaste salon étudier les allures de celui-ci, les petites manières de celle-là, les réflexions de la soubrette les grands airs du premier rôle. On y voyait *Altaroche*, l'incarnation **du** *Charivari*, c'est-à-dire l'esprit et la saillie dans ce qu'ils ont de plus piquant.

Eugène Guinot, Dumersan, qu'on croyait mort, quand on ne l'avait pas vu dans trois ou quatre foyers au moins dans la soirée.

Rosier se montrait et disparaissait.

Alexandre de Longpré glissait dans le foyer ainsi que le faisait Rosier.

Roger de Beauvoir y parlait de l'Allemagne, de l'Italie, de l'Angleterre, de la Russie, en homme qui a étudié les pays et les mœurs avec profit et intelligence.

Rochefort père, dont les succès n'avaient pas enflé la vanité, y disait avec défiance ses espérances à venir ; Rochefort riait franchement des jovialités des autres parce qu'il s'apercevait qu'on riait des siennes.

Vous connaissez *Duvert et Lauzane*, ces frères siamois de la littérature dramatique, qui ont tant désopilé de rates et vous n'auriez pas cru à les voir qu'il serait sorti de leur front calme une si grande quantité de folies et de spirituelles bêtises.

Xavier Saintine, l'auteur de *Picciola*, et de *Seul*, collaborateur assidu de Duvert et Lauzanne.

Anicet Bourgeois n'aurait pas voulu qu'un seul des théâtres de la capitale restât privé de ses productions sérieuses ou bouffonnes. Nous citerons au Vaudeville : *Passé Minuit*, en collaboration avec Lockroy.

Bernard Lopez venait au foyer. Quand on cherchait bien, on l'y trouvait abrité sous un éventail ou dans une botte de Lepeintre jeune. Il jappait, alors on le voyait, on l'appelait, on se baissait pour lui parler, on le hissait sur une table afin qu'il vous entendît, et on s'apercevait qu'il avait de l'esprit; Petit bonhomme vit encore !

Malefille se présentait trop rarement au foyer; tant pis pour le foyer qui aime à redire les paroles des hommes de goût et de talent.

Desvergers et *Varin*, siamois par le talent et l'affection, gardaient quelque rancune à la direction du Vaudeville; c'est que sans doute la direction était ingrate envers ces deux écrivains créateurs d'un genre qui a fait leur réputation et celle de bien des artistes.

Au total, le foyer du Vaudeville, où accouraient encore se reposer et s'égayer quelques autres hommes de talent était peut-être le plus décent, le plus paisible, le plus littéraire de la capitale. La morale y était sans mitaines et la folie avec un voile... une tache n'obscurcit pas le soleil.

Voici la liste des principaux artistes qui ont passé au Vaudeville :

Frédérick Lemaître, Ferville, Arnal, Bardou, Fontenay, Fradelle, Lepeintre jeune, Philippe, Ravel, Taigny, Tilly, Laferrière,

Hyppolite, Félix, Amant, Fleury, (Francis de Plunkett), Adolphe-Demion, Ballard, Munié, Richard, Leclère, Camiade, Lievenne Vizentini (régiseur), Doche, chef d'orchestre), Adolphe, Delvil, Roger, Ludovic, Bache, Desbirons, Fechter, Bouffé, Tourtois, Ambroise, Lacressonnière, Lagrange, Gil-Pérès, Hoffmann (André), Jullian, Léonce, Réné-Luguet, Schey; Mmes Atala Beauchêne, Flore, Thenard, Balthasar, Brohan, Farguеil, Doche, Henri-Monnier, Taigny, Guillemin, Mira, Capon, Victorine, Juliette, Irène, St-Marc, Delvil, Ballauri, Brassine, Déjazet, Renauld, F. Rabut, Astruc, Castel, Bader, Cico, Clary, Marthe, Clarisse, David, Labrière, Clara Laurent, Clorinde, Octave, Payré, Worms.

LA NOUVELLE SALLE

DU

VAUDEVILLE

CONSTRUCTION, MACHINATION, ÉCLAIRAGE, CHAUFFAGE, VENTILATION.

Le nouveau théâtre du Vaudeville a été construit à l'angle du boulevard des Capucines et de la rue de la Chaussée-d'Antin sur l'emplacement de l'hôtel Sommariva, disparu devant les exigences de la régularisation du boulevard, au droit de la rue Basse-du-Rempart supprimée.

La construction du théâtre, ainsi que celle des maisons adjacentes jusqu'à la rue Meyerbeer, commencée au mois de janvier 1867, a été terminée le 18 avril 1869 ; l'ouverture de la nouvelle salle a eu lieu le 22 du même mois. Le théâtre et ses dépendances ont une superficie de 1,360 mètres carrés.

Une des loges d'avant-scène est réservée pour le chef de l'Etat. On y parvient par un escalier spécial précédé d'un vestibule dont l'entrée s'ouvre sur le boulevard ; à cette loge se trouvent annexés une antichambre de service et un petit salon.

La scène est élevée sur trois *dessous;* elle est machinée en fer. Dans le troisième dessous est installée une machine inexplosible, au moyen de laquelle on peut, ensemble ou séparément, élever ou abaisser chacun des différents plans de la scène et obtenir ainsi toute la série nécessaire d'effets décoratifs et féeriques, sans avoir besoin de recourir aux accessoires encombrants ordinairement usités. Une toile de fond ou rideau *panoramique*, disposée à cet effet, facilite et simplifie aussi le service de la machination. Le bâtiment d'administration et des loges d'artistes est adossé au mur du lointain de la scène avec retour sur la rue Meyerbeer.

La dépense totale de la construction du nouveau théâtre du *Vaudeville*, y compris l'installation de tous les services et la création du répertoire scénique, s'est élevée à la somme de *deux millions de francs*. La construction proprement dite, y compris la décoration, n'a coûté qu'*un million huit cent mille francs*.

Le Lyrique, le Vaudeville, le Châtelet et la Gaité, relevés par les soins de l'administration municipale, sont les premiers théâtres où l'éclairage de la salle ait été installé suivant un système nouveau consistant à supprimer le lustre dont on connaît les inconvénients, pour le remplacer par un plafond lumineux et présentant, en outre, cet avantage : l'utilisation possible au bénéfice de la ventilation de la salle du foyer d'appel produit par la combustion du gaz. L'éclairage de la salle du Vaudeville est une création. Au plafond lumineux qui, malgré tous les réflecteurs, ne projette dans la salle qu'une lumière presque verticale, laissant dans l'obscurité les parties éloignées du centre, l'architecte a substitué une vasque de cristal qui, s'épanouissant sous la coupole, embrasse une grande surface. L'appareil consiste en une sorte de grand lustre engagé dans le plafond et de huit pendentifs qui entourent ce lustre. Tout le système se découpe sur un fond de verres gravés.

Le périmètre extérieur est ornementé de guirlandes de cristal frangées et de stalactites pendantes de formes variées, lesquelles, combinées avec l'enveloppe générale taillée, forment un ensemble décoratif très-brillant.

Pour expliquer utilement le système de chauffage et de ventilation des théâtres modernes, il est nécessaire de rappeler que l'éclairage d'un théâtre implique une disposition de plafond hermétiquement clos ; c'est-à-dire que l'air vicié n'est plus sollicité à s'échapper par la partie supérieure de la salle au moyen de l'ancienne cheminée du lustre. Pour introduire l'air dans la salle du Vaudeville béante au sommet de la coupole, on a disposé dans le dessous du théâtre des calorifères dans lesquels on fait arriver de l'air puisé au dehors; cet air, maintenu frais en été et chauffé en hiver, est distribué sur tous les points de la salle : au rez-de-chaussée, par le soubassement des baignoires, et à chaque étage, par le double plancher des galeries, au moyen de conduits rampants établis sous le plancher de la salle et de gaines verticales placées au fond des loges. La ventilation du théâtre du Vaudeville se fait par la combinaison à la fois du système de l'insufflation et de celui de l'appel, de manière à pouvoir régler à volonté la quantité d'air introduit dans la salle et la quantité d'air à extraire. Une machine de la force de 4 chevaux, placée dans les dessous, actionne deux hélices disposées dans les prises d'air et qui insufflent dans la salle l'air nouveau, frais en été, chaud en hiver, et suivant le trajet des conduits dont la disposition a été décrite.

L'ouverture de la nouvelle salle du VAUDEVILLE eut lieu le 23 avril 1869.

La représentation était composée de :

PROLOGUE D'OUVERTURE
de Léon Supersac.

—

LE CONTRAT
Comédie en 2 actes, d'Henri Meilhac.

—

LES OUBLIEUSES
Comédie en 1 acte, de Edmond Gondinet.

(pièce retirée après la première.)

—

LE CHOIX D'UN GENDRE
Comédie en 1 acte, de Labiche et Delacour.

———

Nous ne pouvons mieux faire que de reproduire ici, comme préface à notre travail sur le Vaudeville de la Chaussée-d'Antin, le prologue qui a inauguré la salle nouvelle, et que Saint-Germain disait avec tant d'esprit et tant de finesse.

PROLOGUE

LE COMÉDIEN

(*Il entre précipitamment sans voir la salle. Il a ses habits de ville.*)

Me voilà, commençons.
    (*Regardant le fond et les coulisses.*)
    Où donc sont-ils ? — Personne ?
Pourtant l'heure est passée. Il est temps que l'on
  (*Appelant*)   [sonne.]
Monsieur le régisseur ! — Il ne me répond pas !
Nous avancerons vite, en marchant de ce pas !
Ah ! tant pis je m'en vais.
    (*Apercevant la salle. — Très-surpris.*)
    Que fait là tout ce
         [monde ?]
  (*Il s'avance en saluant.*)
Pardon ! Mais auriez-vous l'innocence profonde
De croire tout de bon, et sans avoir rêvé,
Que nous ouvrons ce soir, et que c'est arrivé !
Point du tout. — Nous allons répéter, je suppose,
Et je ne suis pas, moi, venu pour autre chose,
Car l'on m'aurait joué l'un des plus méchants
         tours
En me montrant à vous sous ces jolis atours. —
Et tout honteux devant cette foule parée...
    (*Vivement avec joie.*)
Mais, j'y songe : j'ai là mon habit de soirée. —
Oui, par bonheur, j'allais jouer dans un salon.

Aussi, rien qu'un instant, ce ne sera pas long.
(*Se débarrassant vivement de son pardessus, etc.)*
Et tenez ; me voilà déjà très-présentable :
Cravate de rigueur, gilet ouvert.
      (*avec inquiétude.*)
        Ah! diable!
Et mes gants ?...
(Paraît un domestique en grande livrée, qui lui présente une paire de gants blancs sur un coussin.)
    Merci bien. — On me gâte ce soir.
 (*Deuxième domestique, présentant un claque.*)
C'est juste j'oubliais...
  (*Troisième domestique, avec un miroir.*)
    Comment? même un miroir!...

(Quatrième domestique apportant un verre d'eau.
     — *Avec effroi.)*

Oh! oh! nourrirait-on cette folle espérance
De m'envoyer ici faire une conférence?
Ah! non. — Je veux bien un prologue, — mais
Pour avoir le plaisir de causer avec vous [doux]
Simplement, et venir de façon ingénue
Demander pour nous tous accueil et bienvenue! —
Et d'abord, ô public, — notre tendre souci,
Voyons, dites. — Comment vous trouvez-vous ici?
Assez bien, je suppose, et la salle est jolie
N'est-ce pas? Pour ma part, je l'aime à la folie,
Surtout quand vous voyant dans ces beaux cadres
            [d'or,]
Mesdames, on regarde, et l'on regarde encor. —
— Sans doute, vous trouvez très-simples ces mer-
           [veilles.]
Mais avez-vous compté nos travaux et nos veilles?
Depuis un mois chez nous personne n'a dormi,
Ou si peu, presque pas! — et d'un œil — à demi:
Si bien qu'en ce labeur effroyable et sans trêve

Quand le sommeil venait, on travaillait en rêve.—
Je parle sur témoins exacts, originaux,
Je l'ai lu, quant à moi, dans deux ou trois jour-
Car ce n'est pas du tout une petite affaire, [naux]
Mon cher monsieur Public, que de vous satisfaire,
Et vous ne songez point à tous nos embarras. —
Mais, tenez, un instant mettez-vous sur les bras
Un théâtre qu'on ferme, un autre près d'éclore,
En langage fleuri, le Couchant et l'Aurore.
Coté cour, comme on dit ; — Les gens du bâ-
Au jardin, le théâtre [timent,]
(se désignant)
                       Et son monde charmant !
Pauvre cher Directeur, position cruelle,
Ayant la lyre à droite, à gauche la truelle,
Faisant dire : « Je t'aime ! » au maçon effaré
Tandis qu'à l'amoureuse : « Allons, gâchez serré »
Si bien qu'il faut avoir la cervelle très-sûre
Pour se tirer de là galamment je vous jure. —
Enfin nous sommes prêts, nos auteurs vont venir,
Ayant charge de plaire et de nous soutenir.
Ce sont, vous le savez, des gens à se défendre ;
Et si, peut-être, un peu l'on vous a fait attendre,
Je puis le dire ici sans les calomnier,
C'est qu'il fallait choisir dans la fleur du panier...
Or, nous croyons pour vous l'affiche bien choisie
Qui vous promet le rire avec la fantaisie. —
Il en est cependant qui ne le voulaient pas
Et qui nous conseillaient la pièce à grand fracas.—
O mesdames, voyez la trahison notoire,
La faute sans excuse et l'atrocité noire
De risquer aujourd'hui, — crimes, impardon-
[nés, —]
De vous gonfler les yeux et vous... rosir le nez.—
Car c'est bien là que met brutalement sa touche
L'émotion qui pleure à flots — et qui se mouche !—

Ah ! Fi donc ! — Nous voulons vos traits inaltérés,
Comme les marbres purs et les profils sacrés,
Permettant seulement le sourire qui joue
Au coin de l'œil, et met la fossette à la joue. —
A la bonne heure, au moins, — c'est joli. — Vous
[voyez]
Comme nous vous traitons en vrais enfants
[choyés. —]
Un regret, maintenant, à notre vieux théâtre,
Qui ne sera demain que poussière et que plâtre,
Et qui s'en est allé, — les Dostins l'emportant, —
Avec la vieille lune et les neiges d'Antan. —
Il est le souvenir et toute notre histoire ;
Nous ne sommes encor riches que de sa gloire.—
Par bonheur, c'est Avril ! — Le mois du Renouveau
Nous la ramènera dans le logis nouveau. —
Puis, laissant au passé ses pleureurs hypocrites,
Sachons nous contenter de nos petits mérites.
Et d'abord saluons franchement, sans ennui,
L'art élégant, chercheur, bien vivant d'aujourd'hui.
Or, celui-là, chez nous, vous savez plus d'un
[maître]
Qui l'a fait applaudir, vous le faisant connaître ;
Et nous vous les rendrons, ces talents acclamés,
Tous ces noms bien connus de vos auteurs aimés.
Puis d'autres !.... Qui, souffrant l'attente et ses
[supplices,]
Trouveront le chemin qui mène à nos coulisses.—
Beaucoup, vous le savez, espèrent—c'est leur
[droit, —]
Les jeunes ne sont pas si bêtes que l'on croit. —
Faisons-leur une scène ouverte hospitalière. —

(Au public.)

Et si vous connaissez quelque petit Molière,
Envoyez-le de grâce. — Il sera bien traité,
Bien reçu, de tout cœur, comme un enfant gâté.

Car le talent étant un oiseau de passage,
C'est pour l'apprivoiser que nous dorons sa cage;
Décidés, dès ce soir, à le si bien traiter,
Qu'il ne se pourra plus résoudre à nous quitter.
— Ce ne sera pas là notre moins bel ouvrage.—
Mais c'est à vous surtout de nous dire : courage!
Vous, notre cher Paris, — le Paris envié ;
Par les droits de l'esprit, le premier convié;
Vous, les fronts qu'on admire et les grands noms
[qu'on vante,]
Notre espoir,—mais souvent aussi notre épouvante.
Soyez cléments ce soir — et donnez-nous raison
Quand, pour vous recevoir, nous parons la mai-
[son.—]
Notre joli théâtre a d'abord pour défense
Les charmes ingénus de la première enfance. —
C'est dans sa belle robe — encor tout étonné
— Comme dit Trissotin,—un petit nouveau-né.—
Eh! bien! — ô gens d'esprits, — ô grâces souve-
[raines,—]
Soyez, — vous, ses parrains ; — vous, soyez ses
[marraines.]
Dans les contes toujours cela se passe ainsi !
Vous ne dites pas non?—Vous acceptez?—Merci!—
Grâce à vous, nous tiendrons hautement par la ville
Notre nom si gaîment français : Le VAUDEVILLE!

LE FOYER

(NOUVEAU)

C'est une belle pièce carrée, avec deux hautes fenêtres prenant jour sur la cour des machinistes. Le foyer est au premier étage. Sa porte est la deuxième en entrant dans un long couloir qui longe la scène, et où se trouvent les loges de Mlle Fargueil, le cabinet du régisseur général, l'ancienne loge de Mlle Cellier, et au fond la baie par laquelle on entre les décors.

Le foyer est luxueux, c'est un palais étincelant en comparaison de son aîné, le foyer nu et crasseux du Vaudeville de la place de la Bourse. Nous allons d'ailleurs faire la description exacte de sa décoration et de son ameublement. En entrant, vous vous apercevez dans une grande glace de quatre mètres de haut, placée entre les deux fenêtres et par conséquent juste en face de la porte battante, et en partie vitrée, par laquelle vous pénétrez dans le foyer. L'architecte a placé la cheminée à gauche, elle est de bon goût et surmontée d'une glace. Quatre panneaux finement peints attirent nos regards. Nous y voyons se détacher, sur fond or guilloché, les portraits-médaillons de *Jenny Colon* dans la *Laitière de Montfermeil*, de *Suzanne Brohan* dans *Marion Délorme*, de Mlle *Belmont* dans *Fanchon la vielleuse* et de Mme *Albert* dans la *Camargo*.

Les murs sont peints vert d'eau avec baguettes d'or. L'ameublement se compose de divans en damas vert, recouverts d'une lustrine de même couleur, qu'on devrait envoyer plus souvent chez le dégraisseur. Les portraits de Félix et de Lafont ornent la grande glace du fond. Le parquet est frotté, mais jamais assez pour qu'on puisse jouer dessus la scène du *Notaire sur la glace*. Le frotteur, réprimandé dernièrement pour avoir ménagé la cire, aurait répondu majestueusement : « Il n'y a plus de *cire* en République. »

Peu ou point d'auteurs, le soir, au Foyer du Vaudeville. Barrière y vient de temps en temps, quand son nom est sur l'affiche, et encore ; depuis qu'il est marié, c'est le foyer conjugal qui l'absorbe. Par contre, les nouveaux dans la carrière : Albert Millaud, Gaston Jollivet, Paul Hennequin, Abraham Dreyfus, qui cherche toujours un pendant à ce petit chef-d'œuvre, qui s'appelle le *Monsieur en Habit noir*, n'en démarrent pas, Albert Millaud surtout. Pendant les représentations de *Plutus*, il se plaçait derrière le manteau d'Arlequin et ne le quittait que quand le rideau tombait sur le dernier vers de sa pièce. De cette façon, il ne perdait pas un bravo.

Si, sortant du foyer, nous allons jusqu'au bout du couloir qui longe la scène, nous y trouvons l'ancienne loge de Mlle Francine Cellier ; cette loge mérite une mention spéciale. Lorsqu'on eut construit le nouveau Vaudeville, M. Haussmann fit venir l'architecte, M. Magne, et lui dit de bâtir une annexe au fond de la cour à gauche. Grâce à cette construction supplémentaire, la loge de Mlle Cellier se trouvait composée, comme celle de Mlle Fargueil, d'une antichambre et d'un salon. La loge Francine Cellier est devenue le cabinet du Directeur.

Montons au deuxième étage pour dire bonsoir à Saint-Germain, qui occupe la première loge en entrant. A côté est celle de M. Goudry ; la troisième, habitée par Georges, est l'ancienne loge de Delannoy qui est descendu d'un étage. Quatrième loge, Parade ; cinquième, Doria ; sixième, Thomasse ; septième, Lacroix.

En résumé, cinq étages de loges plus confortables que partout ailleurs, y compris celles des costumiers et coiffeurs.

ADMINISTRATION

Elle est remarquablement installée. Grande salle du Conseil, Cabinet du Directeur, Secrétariat, Caisse, Bureaux du matériel, tout est parfaitement disposé pour les différents services avec une commodité et un confort peu ordinaires dans les théâtres.

A tout seigneur, tout honneur !

Commençons par le Conseil d'administration de la société anonyme du théâtre du Vaudeville, nommé pour l'exercice 1874-1875.

MM. TRICOT
JOUVELLIER } Présidents (1).

CAYARD
FONTAINE } Secrétaires.
CHEVALIER

HARMANT
Ad. MATHIEU } Commissaires.

SERVICES GÉNÉRAUX

MM. Eugène CORMON, Directeur.
J. GAUDEMAR, Secrét. général.
PROST, Caissier.
BANÈS, Chef du matériel.

(1) Depuis la constitution de la Société, chaque année, l'Assemblée générale des Actionnaires renouvelle les pouvoirs de ces mêmes Administrateurs.

SERVICE DE LA SCÈNE

MM. AMBROISE, Régisseur général.
A. BONPAIN, 2ᵉ régisseur.
BOURDEAU, Chef d'orchestre.
COLOMBIER, Chef machiniste.
DEBLIN, Chef costumier.
Mᵐᵉ JOLIET, Souffleuse.

SERVICE DE LA SALLE

MM. TOULAIN, Contrôleur en chef.
Ed. MARTIN, 2ᵉ contrôleur.
Deux inspecteurs.

Le service médical est fait par vingt docteurs en médecine, dont quinze titulaires et cinq médecins-adjoints, plus deux médecins consultants.

TABLEAU DE TROUPE

AU 1ᵉʳ JUIN 1874

MM.	Mᵐᵉˢ
Parade.	Anaïs Fargueil.
Delannoy.	Antonine.
Saint-Germain.	Julia Bartet.
Colson.	Alexis Pastelot.
Abel.	Léontine Massin.
Cornalier.	Lovely.
Goudry.	Marie-Laure.
Ambroise.	Mélita.
Train.	Laurence Gérard.
Doria.	Masson.
Richard.	Théonie Morand.
Michel.	Jeanne Bernhardt
Lacroix.	Adrienne Gérard.
Georges.	Cécile de Gournay.
Joliet.	Isabelle Persoon.
Jourdan.	Régine Blondeau.
Bource.	Le Roy.
Jacquier.	G. Réjane.

plus un certain nombre de personnes pour la figuration.

COMITÉ DE LECTURE

Il existe au théâtre du Vaudeville un Comité de lecture pour la réception des pièces; ce comité, composé ordinairement de trois membres et du directeur, est formé des membres de la société dont l'expérience et les goûts littéraires sont une pure garantie pour les auteurs.

LE DIRECTEUR

M. EUGÈNE CORMON

M. Cormon n'a eu jusqu'à présent qu'à faire représenter des pièces déjà reçues. Nous l'attendons impatiemment cet hiver. Les grandes qualités de l'ancien directeur de la scène de l'Opéra, sous la direction Perrin, et aussi la vieille expérience de l'auteur dramatique, dont les succès se comptent par centaines, nous sont un garant du soin et du goût qui présideront à la mise en scène des œuvres que le Vaudeville prépare pour la campagne prochaine. Après avoir félicité le directeur des excellentes reprises de la *Comtesse de Sommerive* et des *Ganaches*, nous parlerons plus longuement de l'auteur dramatique, lequel nous fournit ample et large matière.

Il a beaucoup écrit pour le théâtre, notamment pour les scènes de drame, de vaudeville et d'opéra; mais, sauf pour trois pièces, il a toujours eu des collaborateurs, entr'autres MM. Grangé, Dennery, Laurencin et Michel-Carré. De 1842 à 1863, dit Vapereau, il compte plus de cent ouvrages, dont beaucoup ayant obtenu un grand nombre de représentations. Ses plus grands succès sont encore présents dans toutes les mémoires : *Paris la nuit* (à l'Ambigu), le *Canal St-Martin* (à la Gaîté), *Corneille et Rotrou* (comédie représentée au Théâtre-Français), *Castibelza* (pour l'ouverture de l'Opéra-National), *les Paysans*, le *Moulin des Tilleuls*, la *Ferme de Primerose*, *Paris qui pleure et Paris qui rit*, la *Foire aux plaisirs*, les *Crochets du père Martin* (à la Gaîté, ce drame, d'une haute moralité, a valu à MM. Cormon et Grangé le prix Monthyon), les *Ducs de Normandie* (au Cirque), le *Château-Trompette* (Opéra-Comique), les *Mitaines de l'ami Poulet* (au Vaudeville), les *Pêcheurs de Catane*, le *Docteur Magnus*, *Lara* (Opéra-Comique), le *Trésor de Pierrot* (Opéra-Comique), *Robinson Crusoé* (Opéra-Comique), les *Bleuets* (Opéra-Comique), le *Premier jour de bonheur*, le plus récent succès de l'Opéra-Comique — cet ouvrage a eu deux cents représentations consécutives, — et enfin le grandissime succès du nouveau théâtre de la Porte St-Martin, les *Deux Orphelines*, qui, transportées sur la scène du Châtelet, ont atteint malgré les chaleurs de l'été, 200 représentations. — L'auteur des *Dragons de Villars* et du *Premier jour de Bonheur* est chevalier de la Légion d'honneur.—A quand la rosette d'officier, comme son collaborateur Dennery?

SECRÉTAIRE ET SECRÉTARIAT

La réorganisation d'un Secrétariat régulier au Vaudeville devait y amener tout naturellement M. Gaudemar, sous la direction de son ami M. Carvalho. Cette place n'est certes pas, comme on pourrait le croire, une sinécure. Le Vaudeville est un théâtre d'ordre, un théâtre sérieux, dont le secrétaire n'est pas uniquement occupé, comme celui des Nouveautés par exemple, à fumer des cigarettes et à répondre à des demandes de places dans le genre de celles-ci :

(N° 1)   « Léon,
« Une loge, ou je dis tout. »

(N° 2)   « Léon,
« Trois entrées. Si tu as des coins spé-
« ciaux pour courants d'air, rhumes, ca-
« tarrhes, fluxions de poitrine et tortico-
« lis, ça fera bien mon affaire. C'est pour
« ma belle mère ! »

(N° 3)   « Mon chien chéri en sucre,

« Je t'adore quand même. Si je n'ai
« plus de place dans ton cœur, donne-
« m'en deux au balcon (1er rang, numé-
« rotées).

(N° 4)   « Crême d'idiot,
« Deux places, ou des giffles ! »

(N° 5)   « Monsieur Léon,
« Ta cassine de boîte ne fait pas le
« sou. Fiche-moi des places, et plus vite
« que ça ! »

Le plus grand éloge que l'on puisse faire du secrétaire actuel, c'est de dire que les administrateurs du Vaudeville, excellents appréciateurs des services qu'on peut rendre, se sont empressés de conserver M. Gaudemar après le départ de M. Carvalho pour l'Opéra. Or, qui ne sait que les directeurs de théâtres, comme les ministres, amènent toujours un nouveau personnel avec eux ?

M. Gaudemar, homme du monde dans toute l'acception du mot, a une grande expérience des choses du théâtre ; c'est un artiste et un lettré, doublés d'un administrateur habile, et ce n'est pas que notre opinion que nous émettons ici, c'est celle de tout le personnel du Vaudeville.

Que dire du Secrétariat lui-même, qui n'ait été dit cent fois ? C'est toujours la même chambre, tapissée en vert, mesurant trois ou quatre pieds carrés, et toujours meublée de même. — Notre confrère Joliet a bien décrit l'endroit dans ses croquis de la *Vie Parisienne :*

« Le cabinet du secrétaire du théâtre n'a qu'une seule fenêtre et donne sur une cour. Il est meublé d'une table-bureau en chêne blanc ou en acajou, à trois tiroirs ; tiroir du milieu : papier à lettres au timbre du théâtre, enveloppes, etc. ; tiroir de gauche : correspondances, notes manuscrites, papiers généralement quelconques, etc. ; tiroir de droite : caisse des artistes, droit de vingt-cinq centimes par place numérotée et dix centimes par entrée simple. Sur le bureau, tout ce qu'il faut pour écrire. Devant le bureau, un fauteuil en cuir. Dans le fauteuil, le secrétaire du théâtre. — A sa gauche, casier à compartiments ouverts contenant les billets imprimés, depuis les *avantscènes* jusqu'au *paradis.* Au-dessus de sa tête, un bec de gaz avec abat-jour en porcelaine, ou une lampe à gaz placée sur son bureau. — Sur le mur près de la croisée, un agenda à feuilles mobiles. Dans un angle, un plan réduit de la salle. A portée de sa main, 1° un tube acoustique recouvert de soie verte à bout d'acajou ; 2° un cordon de sonnette ; 3° autre cordon ouvrant la porte d'entrée sur le couloir de circulation. Au mur, photographies d'artistes offertes par ceux-ci, avec dédicaces, et affiches du théâtre empilées sur un clou. — Chaises, et divan.... pour s'asseoir. »

Le secrétariat du Vaudeville est peut-être mieux aménagé que ceux des anciens théâtres, qui sont généralement relégués au cintre ou dans le deuxième dessous ; mais c'est encore trop peu spacieux pour contenir les quémandeurs de places, qui affluent tous les jours de 2 à 4 houres.

M. Gaudemar s'est dit que le meilleur moyen d'être bien meublé, c'est de se meubler soi-même, et, avec le goût tout artistique qui le caractérise, il s'est fourni une coquette garniture de cheminée en bronze. De plus, comme on lui accorde deux armoires, il n'a pas voulu les laisser vides : aussitôt en fonctions, il les a remplies de livres rares.

RÉGIE

AMBROISE
(RÉGISSEUR GÉNÉRAL)

Avant d'avoir un talent classé comme il l'est depuis longtemps, notre artiste se vit relégué parmi les négrillons de *Jocko le singe du Brésil*, et des petits Chinois, du *Gascon à trois visages;* le nom d'Ambroise fut accolé à celui de Mazurier, le célèbre mime, la personnification même de *Jocko*. Mais devenu trop grand pour être négrillon, il fallut renoncer à l'émargement mensuel, et ce fut une amère déception, car comment comprendre que, pouvant davantage, on soit moins apprécié! Ambroise ne demandait qu'à travailler, il lui fallait du travail à tout prix, un travail qui pût nourrir son homme, comme on dit. Il voyait près de lui sa mère souffrante, et de jeunes frères, que la mort subite de leur père avait faits, comme lui, à demi-orphelins. Une porte s'entrebâilla... mais ce n'était que la porte du cabinet d'accessoires du théâtre Molière, ne pas confondre avec le théâtre de Molière, ce qui sous-entendrait la Comédie-Française ; non, ce petit Bouiboui gisait rue Saint-Martin, dans un passage aboutissant à la rue Quincampoix. Le passage s'appelait aussi Molière. — C'est derrière les coulisses de ce refuge, au milieu des pâtés en carton, des armes en fer blanc et des meubles de palissandre en toile, que nous retrouvons Ambroise en train de placer en scène *tout ce qu'il faut pour écrire*, ou préparant pour les orgies vénitiennes les flacons de Chypre à douze sous le litre et les bouteilles de champagne à base d'eau de Seltz (un sou le paquet).

O Providence! O jour trois fois heureux !... Un soir, un artiste fait faux-bond. Que faire ? ne pas jouer, rendre la recette? jamais !!! Ambroise, qui savait tout le répertoire comme un seul homme, se propose ; on l'accepte avec reconnaissance, il joue. De ce soir-là, adieu aux cartonnages, c'est pour lui et non par lui qu'ils seront désormais étalés.

Plus tard, il fut engagé par M. Dorsay, directeur d'un des petits théâtres du boulevard du Temple, à l'endroit où s'éleva plus tard le théâtre des Délassements-Comiques. Ambroise s'y fit, en très-peu de temps, une place fort agréable. Une taille avantageuse, une physionomie franche et ouverte, une voix d'un timbre étendu et sympathique, telles furent, dit son biographe Eugène Moreau, les qualités remarquées en lui dès le premier pas. Ces qualités premières l'aidèrent à en acquérir d'autres, et bientôt le répertoire de son théâtre lui parut insuffisant. Après avoir bien réfléchi à ce qu'il devait faire, Ambroise crut devoir accepter un engagement pour la province. Pendant deux ans, Arras, Dunkerque, Cambrai et Valenciennes le proclamèrent leur comique favori. Peu après, une avalanche de propositions, Rouen et Lyon se le disputaient; de plus, Ligier, qui était venu en représentation pendant l'année, lui faisait offrir des débuts au Théâtre-Français, et M. Allan avait parlé de lui à M. Poirson.

La rue Richelieu faisait peur à Ambroise; mais il eût volontiers planté sa tente au boulevard Bonne-Nouvelle si le directeur de Lyon eût consenti à résilier. Toutefois, l'engagement du Gymnase n'en fut pas perdu pour cela. — « Je voulais vous avoir en 1837, écrivit M. Poirson à Ambroise, allez à Lyon, puisqu'il le faut, vous ne m'appartiendrez qu'en 1838, voilà tout. » Ambroise vint donc débuter au Gymnase de Paris, au mois de juin 1838, dans *Simon Terre-Neuve*. Les deux créations suivantes : *Mademoiselle* et *le Médecin de campagne* ne lui parurent pas établir solidement les bases de son avenir. Il ne se voyait qu'un partage fort inégal dans le lot des bons rôles; plus tard, se disait-il, je regretterai peut-être les Lyonnais et leur Gymnase, il y aurait ingratitude à moi à les oublier, partons! M. Poirson lui rendit sa signature qui le liait encore pour deux années. 1848 arriva, et avec 1848 les crises directoriales, Ambroise fut appelé au Vaudeville et y créa: *la Propriété, c'est le vol, les Suites d'un feu d'artifice, un Mariage en trois étapes,* la *Dinde truffée*, etc. Le Vaudeville passa en d'autres mains ; Ambroise fut engagé à la Porte-Saint-Martin où il débuta dans *Frère tranquille*; il joua ensuite dans les *Sept merveilles du monde*, la *Jeunesse des Mousquetaires*, la *Vie d'une comédienne*, les *Russes peints par eux-mêmes*, la *Bête du bon Dieu*, la *Chine à Paris* et le *Comte de Lavernie* où il a créé d'une façon si originale le rôle de Van Graaft. Engagé ensuite aux Variétés par MM. Cogniard, Ambroise y fit de nombreuses créations à succès. Il était arrivé presque à l'apogée de ses triomphes, quand il abandonna brusquement M. Cogniard pour retourner à l'Opéra-Comique, où, (j'avais oublié de le dire) il avait débuté en sortant du Vaudeville. — Comme c'était prévu, sa voix bien suffisante pour chanter des couplets n'était pas assez forte pour chanter l'opéra comique. Ambroise rentra aux Variétés, où il créa le rôle du seigneur Chouvert de Vertuchou dans une féerie restée un des plus grands succès du genre : les *Bibelots du diable*. — Quelque temps après, Ambroise quittait encore les Variétés, bien décidé cette fois à se retirer tout à fait du théâtre ; mais... *qui a bu boira*. Ambroise, retiré dans sa propriété de Bois-Colombes, ne put résister à l'envie d'aller jouer en représentation au Châtelet dans une grande revue-féerie de Clairville, Albert Monnier et Blum : la *Lanterne magique*. — Mais cette création fut la dernière. Ambroise retourna vivre tranquille à Bois-Colombes...

d'où il est venu prendre les fonctions de régisseur au Vaudeville en remplacement de M. Ricquier qui est allé remplir les mêmes fonctions à la Porte-Saint-Martin. Ambroise a composé plusieurs chansonnettes populaires, deux entre autres : *Titi à la représentation de Robert-le-Diable* et le *Lézard des théâtres*. Ambroise est un des membres les plus zélés du comité de l'association des artistes dramatiques.

BONPAIN

(Deuxième régisseur)

S'est *rassis* au feu de la rampe.

Ancien premier ténor, et ancien directeur de province qui s'est ruiné là où d'autres se sont enrichis !

Bonpain, c'est l'exactitude et la régularité faite homme. Avec un régisseur comme celui-là, les artistes peuvent se passer de montres et de pendules.

Aussi, manquer son entrée, au Vaudeville, est-ce chose extrêmement rare.

Je ne sais si c'est Delannoy ou Saint-Germain qui disait un soir, en le voyant revenir d'une première à l'Ambigu : « *Bonpain sort du four.* »

LES ARTISTES

ANAÏS FARGUEIL

Une biographie de cette importance, ne peut et ne doit être écrite que par une plume autorisée, c'est pourquoi nous laissons parler M. Albert Blanquet, le spirituel Chrysale de la liberté.

Il y avait, vers 1834, au théâtre de l'Opéra-Comique, un artiste d'une certaine valeur, du nom de Fargueil. Il jouait les grimes et chantait au besoin des ariettes du répertoire ; car alors la musique ne formait pas le fonds obligé d'une pièce à succès. Il y a une foule d'œuvres écloses à la rampe de l'ancien Feydeau qu'on jouait en province et à l'étranger sans la partition et qui n'en faisaient pas moins plaisir ; sans même remonter bien haut dans l'histoire, nous nous souvenons avoir vu représenter en Espagne le *Domino noir* et l'*Ambassadrice*, privés de la délicieuse musique d'Auber.

Fargueil avait une fille, un bijou, la petite Anaïs, que tout le monde se disputait dans la coulisse et qui était née avec les plus heureuses dispositions lyriques. Bien qu'il eût été habile et fructueux de spéculer sur ses premiers bégayements, à l'exemple de tant de merveilles précoces, le père et la mère, bien conseillés, désireux surtout de faire un avenir à la charmante enfant plutôt que de l'exploiter à leur profit, la firent admettre au Conservatoire de musique. Elle avait dix ans, car mademoiselle Fargueil est née à Paris en 1821.

Les professeurs furent enthousiasmés en entendant la justesse d'intonation de cette enfant et la mirent aussitôt à ces tours de force du gosier qui veulent une organisation toute formée, sans se douter que leurs fatiguants exercices allaient détruire en peu de temps un si précieux et si riche organe.

On compte généralement, bon an, mal an, quatre cents élèves au Conservatoire, et sur ce grand nombre d'appelés il se trouve toujours fort peu d'élus : cela ne surprendra personne, si l'on compte surtout les grands artistes sortis de cette pépinière. Aussi quand un élève la quitte en emportant des prix, récompenses précieusement achetées par un labeur difficile et pénible, aime-t-on à le suivre dans sa carrière en se disant que, du moins, la faveur n'a pas entièrement tout fait pour lui.

Mademoiselle Anaïs Fargueil fut l'une des plus brillantes pensionnaires de l'école.

Après six années de travail, d'études consciencieuses, de difficultés vaincues, elle était prête pour le théâtre, précédée d'une belle réputation, parée encore des couronnes remportées sur ses gracieuses compagnes, et au nombre desquelles se trouvait le grand prix de chant.

Elle était prête pour le théâtre ; mais, hélas ! l'Opéra-Comique et l'Opéra avaient vainement escompté sa gloire future à leur profit : ce que l'art avait si tendrement créé, ce que l'étude avait si péniblement développé, la nature marâtre venait de le détruire. Exercée trop jeune encore aux dangereuses vocalises, sa voix avait perdu tout à coup sa fraîcheur et son étendue. La méthode, la science, le génie, vivaient, — l'instrument était brisé.

Cependant un engagement avait été signé avec M. Crosnier, directeur de l'Opéra-Comique, et mademoiselle Fargueil débuta le 28 février 1835 dans la *Marquise*, charmant petit opéra d'Adolphe Adam. Le succès le plus franc l'acueillit aussitôt et lui assura pendant longtemps de chauds et passionnés admirateurs ; c'est qu'aux charmes d'une voix pure, vibrante et allant à l'âme malgré sa faiblesse, — ce qui lui donnait peut-être encore plus d'attrait, — se joignaient la plus éclatante beauté et un talent de comédienne incontestable, deux choses assez rares à rencontrer, il faut en convenir, chez les cantatrices émérites.

C'était bien là, en effet, une de ces adorables marquises du dix-huitième siècle qui ont tant exercé la verve des romanciers et des auteurs dramatiques, une fraîche et palpable animation de ces peintures léchées de Watteau, vive, étourdie, franche ; une de ces créatures à trente-six quartiers, qui ne s'effarouchaient pas de se voir peindre en Diane chasseresse ou sous le costume primitif de ces nymphes fières et agiles, que les mortels apercevaient parfois sur les bords de l'Eurotas.

Le public, ce sultan, — non point blasé comme on l'a prétendu, — mais avide de nouveaux et de jolis visages, fit bientôt son enfant gâté de Mlle Fargueil : après *Adolphe et Clara* et le *Diable à quatre,* elle n'aurait eu que l'embarras du choix entre les capitales. Mais la gloire était là, devant ses yeux, radieuse et sûre, et elle se dit que les couronnes de l'étranger et ses applaudissements ne valaient pas les bravos du pays.

Une autre création de la charmante artiste dont nous donnons ici une biographie, trop courte à notre gré, fut celle de Régine d'Ernestat, dans la *Vie en rose.* Quoique ce rôle épisodique fût entièrement sacrifié à tous les autres, elle sut y produire un effet grandiose, dû surtout à l'énergie avec laquelle elle nuançait son débit, et elle a prouvé une fois de plus l'étendue et l'intelligence prompte de sa nature d'élite. Elle sait en outre se costumer avec goût et donner ainsi aux personnages qu'elle représente ce plastique destiné à charmer l'œil, pendant que son organe et son jeu enchantent l'esprit.

Que dire de ce rôle de Marco, — qu'elle a fait *sien* et qu'elle a traduit avec une vérité sculpturale, rôle tout à fait à la taille de Rachel, qui tient de l'Hermione et de la Tisbé, et lance parfois des éclairs sombres comme la Frédégonde du roi franc? — Ne serait-ce point là une occasion de remarquer qu'à la Comédie-Française il y a de jolis talents, de frais minois, de mignardes pensionnaires dont le Conservatoire a seriné les effets anodins, et qu'il y manque un peu de ces vigoureuses natures que l'art anime de son feu sacré, et qui ont acquis l'expérience de la vie et du théâtre autrement que dans des chambres closes.

Certes, ce n'est pas de la première représentation des *Filles de marbre* que la place de Mlle Fargeuil est marquée à la Comédie-Française, mais il nous semble qu'à dater de cette soirée-là le public eut bien un peu le droit de s'étonner de ne l'y point voir.

Pendant l'année 1837, Mlle Fargueil, ayant perdu une sœur chérie, fut à son tour sérieusement malade ; elle fut atteinte d'une fièvre scarlatine, gagnée en donnant des soins à sa sœur avec le dévouement dont elle ne se départira jamais. Nous ne ferions pas mention de cette maladie si la poésie, qui s'assied au chevet des jolies malades, n'avait consacré cette douloureuse phase de l'existence de Mlle Fargueil. Un poëte accoutumé à des inspirations plus énergiques a amolli les cordes d'airain de sa lyre, pour moduler ces notes mélancoliques que n'a pas oubliées notre grande artiste.

Oui, je me suis, pour vous, levé pendant la nuit ;
Pour vous, j'ai prié Dieu de veiller à minuit
Et de ne pas quitter le chevet de souffrances,
Où vous vous retenez à quelques espérances !
Car votre âme, Anaïs, comme un limpide éclair,
Au-dessus de vous-même errait déjà dans l'air ;
Et votre mère, hélas ! sur vous toute penchée,
Pauvre mère !... avait peur, en vous voyant couchée
Et pâle, sans parole, et le feu dans les yeux,
Qu'un ange vînt vous prendre et vous ravir aux
[cieux !]
Alors moi, qui savais le lamentable drame
Que la fièvre et l'amour jouaient avec votre âme ;
Moi, qui vous aime aussi comme on aime une
[sœur,]
Je me suis éveillé tout couvert de sueur :
Mes yeux voyaient dans l'ombre, et l'ombre
[transparente]
Encadrait devant moi votre image mourante ;

Vos regards, où la vie étincelait encor,
Luisaient à votre front comme des perles d'or,
Et je voyais pousser à vos épaules nues,
Deux ailes qui cherchaient à s'ouvrir dans les
[nues].
Va-t-elle donc mourir? m'écriai-je, O mon Dieu?
Et, si jeune, faut-il déjà lui dire adieu?
Non, vous ne pouvez pas nous la prendre si belle?
Vos archanges aimés deviendraient jaloux d'elle !
Et, le sein tourmenté d'un mystique remord,
La mère du Seigneur maudirait cette mort.
Et je priai longtemps, dans mon âme abattue,
Le Dieu puissant et fort qui fait vivre et qui tue.
Bientôt, comme un parfum de suave liqueur,
Un espoir consolant descendit dans mon cœur,
Et quand j'allai vous voir, Anaïs, votre mère
Avait l'âme moins triste et la voix moins amère ;
Vous étiez revenue à son amour fervent.
Et comme un jeune oiseau qui s'ébat dans le vent,
Un sourire adoré flottait sur votre lèvre
Et chassait devant lui les frissons et la fièvre.
Oh ! vivez parmi nous, à présent et toujours,
Et, si vous le voulez, vivez encor mes jours !

Le vœu du poëte Berthaud, car c'est lui, fut entendu ! La belle malade nous fut conservée, et c'eût été bien triste en effet de mourir si jeune et si aimée.

Les créations d'Anaïs Fargueil sont innombrables. Nous nous bornerons à citer celles de ces dix dernières années, tant au Vaudeville qu'en représentation sur d'autres scènes: *les Femmes terribles, les Brebis de Panurge, Dalila, le Roman d'un jeune homme pauvre, les Lionnes pauvres, Rédemption, Les Diables noirs, La famille Benoiton, Maison Neuve, les Brebis galeuses, Miss Multon, Patrie, l'Oncle Sam, l'Arlésienne.* Si cette œuvre dramatico-lyrique n'a pas eu le succès qu'on attendait, Mlle Fargueil, assurément, n'en fut pas la cause ; car elle y collabora par ses excellents conseils et la galvanisa par son talent.

Maintenant parlons un peu de l'artiste à la ville.

Fargueil est femme d'intérieur ; elle vit retirée avec sa fille dans un petit hôtel de la rue de Navarin. Elle passe les loisirs forcés que lui crée son théâtre à arroser et soigner elle-même les fleurs de son jardin, et à écouter sa fille, une pianiste très-distinguée.

Cette artiste, à la nature nerveuse et transcendante, a horreur du banal dont elle est l'antithèse à la ville comme au théâtre ; aussi a-t-elle pour ami tout le monde, mais n'aime pas tout le monde.

ANTONINE

Le nom d'Antonine restera toujours accolé à ceux de *Fernande* et de l'Américaine de *Rabagas,* deux grands succès de M. Sardou, qui a prouvé pendant longtemps à quel point il estimait le talent et les qualités de son interprète.

Le pinceau n'eût pas mieux fait que la plume d'Henri Tessier :

> Des pieds de petit chinois,
> La musique d'une voix,
> Des mains dont on pourrait dire
> Qu'un baiser les ganterait,
> Trente-deux perles de lait
> Dans l'écrin d'un frais sourire !
> De l'esprit de la gaîté
> Un talent fin, très-goûté,
> Telle est cette blonde actrice,
> Qui pendant longtemps pleura.
> — Comme Calypso — l'ingrat
> Ulysse !.....

A joué au Vaudeville un rôle en vers : celui du page dans le *Péché véniel*.

O mes yeux, vous n'avez pas perdu souvenir de ces formes exquises. Mais Mlle Antonine est parisienne, et le grasseyement particulier aux indigènes de notre capitale nuit à la sonorité des vers.

La dernière création de Mlle Antonine a été *Ange Bosani*, où, dans une incarnation bizarre, dont elle a su sauver les côtés scabreux, elle a prouvé un très-grand talent.

Mlle Antonine a créé le *Duc d'Anjou* de *la Jeunesse de Louis XIV*; depuis cette création, elle appartient définitivement à l'Odéon.

JULIA BARTET

Elle n'a pas 20 ans

C'est-à-dire qu'elle est mineure avec un talent majeur.

Elle est sortie du Conservatoire, où elle était une des meilleures élèves de Régnier, pour débuter au Vaudeville sous la direction Carvalho, dans la pièce de Daudet, l'*Arlésienne*. Elle y jouait le rôle de Vivette ; son début produisit une impression considérable sur le public.

Après ce premier succès, elle créa le *Péché véniel* d'Albert Millaud, et ensuite le *Plutus* du même Millaud en collaboration avec Gaston Jollivet. — L'aisance et la finesse de diction avec lesquelles elle disait les vers avait décidé la direction à lui faire interpréter quelques uns de nos jeunes poëtes connus ; c'est ainsi qu'elle joua avec succès le petit drame de MM. Armand Sylvestre et Paul Hennequin, *Aline*.

Les auteurs n'avaient pas manqué de suivre attentivement les progrès de la jeune actrice. C'est ce qui explique comment ces Messieurs remarquèrent la grande facilité de Mlle Bartet qui, à ce qu'on appelle la première collation (la collation suit immédiatement la lecture de la pièce aux artistes), arrivait avec son rôle à la main et le lisait immédiatement, (qu'il fût en vers ou en prose) en y mettant les intentions, l'émotion, l'action et le mouvement voulu, comme eût fait le professeur le plus aguerri.

Un des auteurs les plus difficiles à contenter, bien certainement, M. Victorien Sardou, se décida à lui confier la création d'un rôle capital dans un grand ouvrage. Ce ne fut pas sans quelques réserves, cependant, car il mit tout d'abord, comme condition, que ce ne serait qu'au bout de quinze ou vingt répétitions qu'il se prononcerait définitivement sur la distribution du dit rôle. — Mlle Bartet eut le bon esprit de ne pas se trouver froissée. Elle accepta la condition *sine quâ non* de l'auteur tout-puissant, et bien lui en prit ; car, quinze jours ne s'étaient pas écoulés, que M. Sardou déclarait à la direction du Vaudeville : « *qu'il n'aurait pas trouvé dans tout Paris une femme qui fût capable de mieux jouer le rôle, et qui réalisât mieux son type.* »

Le rôle était celui de Sarah de l'*Oncle Sam*, et l'on sait quelle fut la part de succès de Mlle Bartet, qui ce soir là, venait de se révéler tout à fait grande artiste; cette part fut si grande qu'elle éveilla les susceptibilités d'artistes peu habituées au partage des applaudissements.

La presse fut unanime à confirmer le jugement flatteur du public, et, de ce jour, Mlle Bartet se dit : Je tâcherai de faire mieux encore.

A défaut de créations nouvelles, Mlle Bartet eut à se distinguer dans les reprises de la *Comtesse de Sommerive*, où elle héritait du rôle de Blanche Pierson, et des *Ganaches*, où elle succédait à Victoria Lafontaine. Pendant les répétitions de cette comédie, Mlle Bartet pria plusieurs fois Sardou de vouloir bien lui indiquer les traditions de sa devancière, qu'elle ne pourrait jamais faire oublier quoi qu'elle fît.

« Je me garderais bien de vous conseiller dans ce sens-là, répondit Sardou; car, malgré moi, j'ai toujours présente au souvenir la créatrice du rôle, et je tiens à ce que vous le jouiez avec votre nature et votre sentiment personnel. »

Et Sardou disait vrai, Sardou avait raison. — Soyez mauvais, s'il le faut, mais soyez naturel, soyez vous-même.

Le talent de Mlle Bartet est composé pour la comédie d'une grande chasteté, d'une grande finesse et d'un sourire charmants, et pour le drame des mêmes qualités augmentées de l'émotion pathétique la plus sincère.

Une année aussi laborieusement et aussi triomphalement remplie que celle de ses débuts devait, comme de juste, user les forces de la jeune et *exquise* artiste (l'adjectif s'est retrouvé sous la plume de tous les critiques). — Aussi, a t-elle pris son vol vers les Pyrénées, s'arrêtant à Bagnères-de-Luchon, un coin du Paradis terrestre dont nous avons été à même de goûter les jouissances.

Mlle Bartet nous est revenue au mois de septembre pour créer cet hiver un rôle très-important dans une pièce non moins importante d'un auteur de la plus haute importance, Sardou ou Dennery... probablement des deux !

Mlle Bartet, fille d'un modeste employé du Palais de l'Exposition (chef des gardiens, me dit-on), a reçu une éducation pour laquelle, assurément, sa famille a dû s'imposer de très-grands sacrifices. Son véritable nom est Julia Regnault ; mais elle a pris au théâtre celui de sa mère pour éviter toute confusion avec Mlle Alice Regnault, des Variétés.

Signe particulier : N'a jamais voulu laisser faire son portrait. Pourquoi ?

LÉONTINE MASSIN

Henry Monnier raconte, avec autant d'esprit que de raison, qu'il est très-fâcheux pour un employé de ministère d'avoir une trop belle écriture, car alors on le condamne toute sa vie à faire des copies, — et quels que soient ses autres mérites, on aura toutes les peines du monde à les bien vouloir reconnaître. — Pour une actrice, et ceci n'est pas un paradoxe, il est parfois très-redoutable de paraître tout d'abord excessivement jolie. — Et, en effet, le succès de beauté une fois bien constaté, le public se contentera de cet enthousiasme, et ne s'inquiétera guère de chercher si l'ange de ses rêves joue bien ou mal la comédie.

On se rappelle Mlle Massin au Palais-Royal. Ce fut, à son apparition, un véritable enchantement pour les yeux. Elle était bien de celles qui, selon le vers de Banville,

Aux doigts des chérubins font trembler les lorgnettes.

Et, certes, les madrigaux n'ont pas dû manquer pour célébrer, en vers aussi bien qu'en prose, ce petit air étonné et charmant, ces yeux bien fendus en amande, ces lèvres du plus gracieux dessin, mais que Mlle Massin a le tort de mordiller un peu trop souvent du bout de ses petites dents aiguisées.

Par bonheur, Mlle Massin avait une ambition plus élevée. Elle quitta le Palais-Royal pour entrer au Gymnase et là, sous la dictature austère de M. Montigny, dans *Fernande*, d'abord, dans *Séraphine* et surtout dans la *Suzanne*, de Meilhac, elle sut vite faire comprendre que la jolie actrice devenait tranquillement et le plus aisément du monde une comédienne d'un talent très-délicat, très-fin, très-net et très-sérieux. — Pendant le siége, le théâtre étant fermé, un transport belliqueux saisit Mlle Massin. Elle endossa crânement un petit uniforme très-coquet, et l'on put reconnaître que, l'occasion étant donnée, elle saurait aussi se montrer *brave à la guerre*, comme il est dit dans les *Racines grecques*. — Après le siége, la Commune. — A cette époque, le Gymnase étant resté ouvert, Mlle Massin rendit de très-précieux services à son directeur. Obligée de jouer presque tous les soirs, elle sut aborder avec une vive souplesse d'intelligence un grand nombre de rôles tout nouveaux pour elle, repassant ainsi en deux mois presque tout le répertoire du théâtre. —

Peu après cependant, nous ne savons pour quelles raisons, l'accord se trouva rompu entre M. Montigny et sa pensionnaire, et ce fut alors que la direction du Vaudeville eut la très-heureuse inspiration de s'attacher la fugitive.

Au Vaudeville, Mlle Massin a débuté par la reprise de : *Aux crochets d'un gendre*. — Ses premières créations ont été Lucile, de *Ma Cousine*; Georgette, de *Panazol*; Malvina, du *Monsieur qui attend ses témoins*. Mais ce ne sont là que de petits actes; et toute charmante qu'on l'ait retrouvée et applaudie, Mlle Massin est mélancolique. — Son rêve est un rôle véritable, une création originale. — Les auteurs à réputation y songeront bien un jour ou l'autre. — Et ce jour-là, l'occasion étant donnée, Mlle Léontine Massin, nous en sommes certain, saura bien prendre au théâtre le rang auquel elle a droit, et conquérir la place qui lui est due.

ALEXIS (PASTELOT)

Ancien grand premier rôle de beaucoup de talent, dont le nom est resté dans les grandes villes de Provence, — ne fait pas regretter au Vaudeville l'excellente Mme Guillemin, mère-noble parfaite au théâtre et grand'mère accomplie dans sa maison.

Elle occupe ses loisirs à tricoter des bas pour son petit-fils, dont elle parle avec attendrissement. Son fils, dont elle parle moins, ne la rajeunit pas, mais ne la vieillit pas non plus, car le talent n'a pas d'âge.

Impossible d'énumérer toutes ses créations. Bornons-nous à constater l'immense succès qu'elle vient d'avoir dans la reprise des *Ganaches*.

Mme Alexis demeure à Belleville, une localité qui rime bien avec Vaudeville, mais qui exige six sous d'omnibus pour s'y rendre.

ELISE DAMAIN

« Ne remettez jamais à *damain* ce que vous devez
[faire aujourd'hui. »]

Sœur d'Hortense Damain, qui est remarquée dans nombre de succès à l'Odéon.

Elise est une des habituées des soirées artistiques du comte d'Osmond.

Elle est jolie, elle a la grâce, le bien dire ; ce jeune talent n'attend que l'occasion pour se révéler complètement au théâtre.

THÉONIE MORAND

Une soubrette dont les yeux sont plus grands que la bouche et dont le talent est plus grand que les yeux.

LAURENCE GÉRARD

Engagée récemment pour remplacer Mlle Bartet, indisposée, dans les *Ganaches*. Son début a été assez heureux pour que l'administration se soit attaché cette artiste d'une façon définitive et qu'elle ait cru pouvoir lui confier un rôle important dans la pièce de *Berthe d'Estrées*.

Mlle Laurence Gérard s'est montrée dans différents rôles à la Porte-Saint-Martin, à l'Ambigu et à la Gaîté. Elle occupe aujourd'hui sa véritable place.

JEANNE BERNHARDT

> Une potence est un bijou
> Aujourd'hui des plus à la mode,
> J'en fais faire une en acajou
> Pour la mettre sur ma commode.

Sœur de Sarah, la maigre des maigres... de celles que mon confrère Henri Tessier a si bien définie dans son *Almanach dramatique* de 1874 :

> Un point sur un I me semble bien dur
> Pour peindre ce fil rêveur et fugace,
> Qui plie et se courbe avec tant de grâce,
> Comme, après la pluie, un bel épi mûr.
>
> Talent jeune et fin, qui parfois s'anime
>   Elle me fait
>   L'effet
> D'un Alexandrin marchant sur sa rime.

Tout le monde sait que Sarah a la toquade des cercueils capitonnés ? Jeanne, en bonne conscience ne pouvait rester au-dessous de sa sœur, aussi a-t-elle adopté un meuble funèbre : c'est *une potence!* réduction, tout ce qu'il y a de plus *Collas*. De plus, elle a fait peindre partout des potences ; dans sa salle à manger, dans sa chambre à coucher, dans son salon, enfin partout ; c'est à ce point que dernièrement un de ses intimes (très-intime), ayant besoin d'ouvrir certaine petite table sur laquelle on dépose le bougeoir avant de se coucher, en retira un récipient au fond duquel il aperçut inscrutée... Devinez : une potence !!!

Pourquoi, mademoiselle, avec tant de beauté, étalez-vous des fantaisies aussi patibulaires.

Mlle Jeanne Bernhardt n'a eu encore

qu'une petite création dans l'*Oncle Sam*.

Elle a l'innocence et la malice. Elle pourrait aussi bien jouer un rôle d'ingénue qu'un rôle de soubrette; son talent a plusieurs cordes et n'a pas besoin de recourir à *celle de pendu* pour assurer son succès et son avenir.

MASSON

Une excellente duègne qui arrive en droite ligne de l'Odéon.

Albert Vizentini nous apprend que cette bonne dame arrive toujours chargée de paquets, ce qui fait que ses camarades ne l'abordent jamais sans lui dire : « Combien avez-vous de *colis Masson ?*

Rééditer un si mauvais jeu de mots au sujet d'une bonne comédienne... ah! Vizentini, vous devez être condamné à jouer la comédie toute votre vie avec *Daiglemont*.

Mme Masson va créer un rôle fort piquant de vieille fille dans *Berthe d'Estrées*, si la pièce se joue.

MÉLITA

Est venue tout enfant à Paris, à l'époque des petites danseuses viennoises; Autrichienne devenue Parisienne, a oublié la langue de son pays natal pour ne plus se souvenir que de celle de son pays d'adoption. — La voix rêvée de l'ingénue, une taille... d'une rare élégance... des toilettes... qui préoccupent pendant six mois de l'année la célèbre Mme Hantenaer.

Plus d'un théâtre voudrait ravir Mlle Milita au Vaudeville, où elle a joué avec un réel talent, notamment dans le *Roman d'un jeune homme pauvre.*

Il paraît qu'elle va débuter au Palais-Royal.

HORTENSE NEVEUX

« Je pourrais chanter, mais ne veux,
    Massin, Gérard et Neveux.
Charmant nos fils et nos neveux,
Du boulevard à la barrière,
    Massin, Gérard et Neveux
Jouent dans les pièces de Barrière. »

Gracieuse actrice, un peu folle, qui tend à devenir sérieuse. Elle a travaillé beaucoup avec Régnier, et le public s'en est aperçu dans ses derniers rôles, au Vaudeville. — Vienne une création, et la la jolie Mlle Neveux prouvera qu'elle ne se contente pas d'être jolie, très-jolie femme, mais qu'elle tient encore à être une artiste sérieuse.

N. B. Neveux n'a rien d'engagé chez ma *Tante*.

LOVELY

(PSEUDONYME EMPRUNTÉ A L'ANGLAIS)

Cette jolie brune au teint mat, au regard aiguisé, fait volontiers prendre l'air à ses épaules, et le public n'a pas l'air... de s'en plaindre. A joué à l'Ecole-Lyrique, à la Gaîté et au Palais-Royal avant d'entrer au Vaudeville. A la Gaîté, elle avait été engagée par M. Harmant pour remplacer Mlle Adorcy, une étoile... dont le rayonnement n'a jamais aveuglé personne. Mlle Lovely a eu quelques petites créations et compte de grands amis dans la grande critique.

CÉCILE DE GOURNAY

D'une noble famille vendéenne alliée à d'illustres maisons. Le talent est moins grand encore que la naissance, mais on peut avoir confiance et faire crédit à cette jeune artiste. Elle est de taille à faire honneur à tous ses engagements.

RÉGINE BLONDEAU

Junon géante est en rupture de comédie pour cause d'opéra.

ISABELLE PERSOON

D'origine russe. Elève du Conservatoire. S'est fait remarquer dans quelques rôles : dans *Ange Bosani*, l'*Oncle Sam*, etc.

Beau brin de fille, superbes toilettes; retranchez les trois premières lettres de son prénom, et vous aurez le portrait de cette artiste : *belle persoon*.

Vient de passer au Gymnase.

LE ROY

(Chapeau bas, Messeigneurs).

Vouée aux rôles à tablier, n'a pas son égale pour annoncer une visite ou apporter une lettre.

MARIE-LAURE (BERTRAND DE SAINT-RÉMY)

Fille d'un de nos confrères de la presse et de Mme Bertrand de Saint-Rémy, dont le cours de littérature est suivi à Chaptal.

Aussi, quelle éducation ! Mlle Marie-Laure a été élevée à Londres... c'est dire qu'elle parle et écrit l'anglais comme Milton ; du reste, peintre, musicienne, ajoutons artiste dramatique du plus grand avenir.

GÉRARD-ADRIENNE

Sœur de Laurence. Petite personne, petit talent, mais tout cela gracieux.

RÉJU (GABRIELLE), DITE RÉJANE

Fille d'un contrôleur général du Châtelet, 18 ans. — Elève de Régnier — et une des meilleures. — Lauréat aux Concours du Conservatoire 1874. — Une adorable physionomie, spirituelle, vive, pleine de sourire et pétillante de malice. Sardou, Meilhac et Halévy ou Gondinet pourraient bien lui fournir sa pièce de début.

Une étoile dont la lumière va venir jusqu'à nous.

PARADE

Grands et petits, il nous a tous fait rire et pleurer, durant cette période de vingt années où les bravos lui sont restés fidèles au Vaudeville. Ses créations, dont l'énumération exigerait deux pages entières, l'ont placé au nombre des artistes qui continuent les bonnes traditions de la vieille école.

Parade est né à Lyon, le 6 août 1826. Il vint à Paris à l'âge de sept ans et à dix-sept il entra au théâtre de la banlieue. (Batignolles et Montmartre). En 1848, il débuta au Cirque-Olympique, et, après un séjour de courte durée à la Porte-Saint-Martin et au Palais-Royal, il fut engagé au Vaudeville en 1853. Depuis cette époque il n'a pas quitté ce théâtre, où, du reste, il est engagé.

On a beaucoup biographié Parade, — et plus d'un écrivain a eu, à l'endroit de notre acteur, une plume fertilement inventive. De l'aveu même de Parade, nous pouvons dire que, depuis son premier début sur les planches étroites de la banlieue jusqu'à son plus récent succès l'*Oncle Sam*, il n'a jamais joué en province. Il n'a jamais voulu quitter Paris, — ni les Batignolles, où il possède un nid charmant ouvert à deux battants à tous ses amis.

Malgré son apparence froide et son

parler solennel, Parade, est un excellent camarade, très-obligeant pour les commençants. Nombreux *signes particuliers* : — A pour domestique une négresse (la connais-tu, Cochinat?). Ne boude jamais... aux dominos, son jeu, favori auquel on peut le voir s'exercer tous les jours à cinq heures au café de Mulhouse, entre quelques cigares et plusieurs bocks, car il aime la bière autant que Delannoy vénère le Bourgogne, un vin qui, dit-il, fortifie sans casser la tête.

Acteur aimé des titis, Parade est applaudi... jusqu'au *Parad..is*. Voilà ce que c'est que d'avoir du talent, et de n'en pas faire... *parade*.

DELANNOY (LÉOPOLD-ÉMILE-EDMOND)

Fils d'un lieutenant-colonel de l'Empire, ne put suivre sa vocation théâtrale qu'à la mort de ses parents et fit ses premiers débuts à Elbeuf et à La Rochelle. En 1840, il entra au théâtre de Montmartre; se rendit à Lille en 1843, parcourut, peu après, la Belgique, et fut quelque temps directeur du théâtre des Nouveautés de Bruxelles.

Ce n'est qu'en 1848 qu'il parut au Vaudeville avec un plein succès dans la *Propriété c'est le vol*, les *Représentants en vacances*, la *Foire aux idées*, etc., etc.

Il a joué fréquemment en Belgique les premiers rôles de drame, dans *Toby le Sorcier*, *Latude*, le *Chiffonnier*, *Bilboquet*, et s'y est fait connaître comme auteur de vaudevilles et de chansonnettes. En mai 1858, il entra au Palais-Royal, pour revenir bientôt au Vaudeville, où sa verve et son entrain lui valurent de nouvelles créations et de nouveaux succès. Une seule d'elle, celle de Péponet des *Faux Bonshommes*, par exemple, eût suffi pour établir sa réputation.

Delannoy possède assurément la *vis comica*, mais ce comique *un peu gros* n'a pas toujours l'applaudissement des délicats. En revanche, la masse du public rit à se tordre aux jeux de physionomie, aux gestes excentriques de l'artiste, et souvent, à côté d'interprètes plus fins, Delannoy accapare le succès. Nous en avons eu tout dernièrement la preuve dans la reprise des *Ganaches*, où, en compagnie de Mme Alexis, il a obtenu incontestablement le plus grand succès. Comme tous les comédiens qui réussissent surtout par le rire, M. Delannoy, à l'exemple de Bouffé et de tant d'autres ambitionne les grands rôles tragiques, et, en effet, on voit chez lui un portrait qu'il s'est fait faire dans une pose à la Talma. Ce n'est pas que le sentiment, l'émotion, les larmes même lui fassent jamais défaut dans une situation dramatique, mais combien l'artiste doit réagir contre l'impression du public qui, en le voyant, s'attend à rire et qu'il faut pourtant émouvoir. Une preuve de ce que nous avançons serait les quelques représentations du *Candidat*, de Gustave Flaubert, où l'artiste eut à soutenir une lutte dont, sans doute, il ne perdra pas le souvenir. M. Delannoy est excellent père de famille ; son fils, ancien soldat, s'est fait brillamment remarquer pendant la guerre. Une certaine similitude d'humeur, de caractère lui ont valu un legs de son ami Félix.

Le nom de Delannoy est attaché à toutes les créations du Vaudeville, et, pour cette raison, nous épargnons au lecteur la longue énumération des ouvrages dans lesquels il a joué. Il faudrait citer tout le répertoire du Vaudeville.

SAINT-GERMAIN

Un des rares et vrais comédiens de notre époque.

Saint-Germain, d'abord commis en librairie, a passé par le Conservatoire (classe de Samson, dont il vénère le souvenir). Débuta à la Comédie-Française, où il était toujours prêt à remplacer tout le monde dans tous les rôles. Il quitta la maison de Molière sans attendre le sociétariat, refusant de se vouer à l'interprétation des rôles de second comique. De la Comédie-Française, Saint-Germain vint au Vaudeville, où il prit cette grande situation qu'il tient plus que jamais. C'est un diseur parfait : nul mieux que lui ne fera plus sentir une beauté et ne saura mieux voiler un défaut. Saint-Germain adore son art ; nature infatigable, l'hiver, après une soirée dans laquelle il aura joué 6 actes, il courra avec plaisir jouer une saynète chez les docteurs Fauvel, Mandl, le comte d'Osmond, Mme la comtesse Perrière-Pilté.

Il en est de Saint-Germain comme de ses camarades Parade et Delannoy : il serait fastidieux, croyons-nous, de donner la nomenclature de ses créations.

Il en est une pourtant dont nous voulons dire un mot. — Un soir, le public du Vaudeville a pu se croire à la Comédie-Française en entendant, dans le *Plutus* de Millaud et Jollivet, des artistes comme Saint-Germain, Mlle Bartet, Mme Alexis, etc., etc.— Aussi, quels applaudissements saluèrent l'artiste lorsque, s'adressant aux Athéniens de Paris, il vint, au lever du rideau, s'excuser de la liberté grande, etc. etc.,

Avec son expérience du théâtre, Saint-Germain émet volontiers son opinion sur toutes choses. Quoique très-bienveillant, ceux qui le jalousent ne manquent jamais de dire qu'il aurait servi de type très-caractérisé dans le chef-d'œuvre de Barrière.

Nature très-impressionnable, Saint-Germain a des alternatives de tristesse et de gaîté. C'est dans ce dernier état, sans aucun doute, que cet aimable agaceur de la Muse trouve les charmants et spirituels couplets que nous lui avons entendu chanter aux banquets du Caveau, dont il est un des membres les plus assidus et les plus appréciés. Mais le Caveau n'épuise pas toute sa verve, et les dîners mensuels de la Gousse sont toujours égayés par les refrains de l'éminent pensionnaire du Vaudeville : Saint-Germain possède tous les arts.

Ut pictura poesis

COLSON

Fils de l'artiste de la Comédie-Française, a commencé par chanter les ténors légers en province dans les troupes que dirigeait son père ; a chanté plus tard les ténors comiques au Théâtre-Lyrique du boulevard Temple. On n'a pas oublié la chanson de la *Veste* qu'il interprêtait si comiquement dans la *Promise*. Mari de Mme Colson, qui a créé les *Amours du Diable*, Colson a dirigé l'office des théâtres avec Sari (vous me direz que Sari...ve à tout le monde). Colson passe pour avoir des talents culinaires très-développés : il fait la matelotte... comme une anguille.

Signes particuliers : prend un embonpoint progressif, grâce auquel il remplit ses gilets aussi bien que ses rôles.

ABEL

CAÏN, QU'AS-TU FAIT DE TON FRÈRE ?

Jeune premier plein d'avenir, que la direction du Vaudeville fit venir de Londres, où il obtenait de grands succès, pour créer un rôle dans l'*Arlésienne*, de A. Daudet. Très apprécié de *Sardou* depuis sa création du rôle du marquis de Rochemaure, dans l'*Oncle Sam*.

Signes particuliers : N'est pas élève du Conservatoire, et n'a jamais eu de professeur. A l'exemple de Desrieux, porte toute sa barbe. A toujours sur lui un flacon de goudron Guyot ; mais cela ne nous regarde pas : « des gou...drons et des couleurs il ne faut jamais discuter. » Notre jeune premier, qui était très-maladif autrefois, jouit aujourd'hui d'une meilleure santé. A l'issue de chaque première, M. Abel trouve chez la concierge du théâtre, nombre de bouquets à son adresse.

CORNAGLIA

Cornaglia, Doria, c'est à se croire sur une scène italienne. M. Cornaglia est un artiste de province très-consciencieux et surtout très-utile. Il s'est fait remarquer au Vaudeville dans l'*Héritage de M. Plumet* et dans l'*Arlésienne.*

RICHARD (HENRI)

Un des Richard les plus estimables parmi les Richard les plus estimés ; doué de qualités précieuses, c'est certainement, depuis Dieudonné, le plus charmant, le plus verveux de nos amoureux comiques.

Une des créations qui l'ont mis le plus en vue au Vaudeville, où il est entré sous le patronage de M. Sardou, est, sans contredit, le rôle du jeune violoniste dans l'*Oncle Sam ;* il s'y fit très-applaudir à côté des Fargueil, des Bartet, des Parade et des Abel. — On se rappelle le grand succès de M. Richard dans les *Inutiles*, à Cluny. C'est cette création si originale qui le mit tout aussitôt hors de pair, de telle façon que, pendant la Commune, la troupe de la Comédie-Française se trouvant forcément désorganisée, ce fut à M. Richard qu'on songea pour lui faire jouer le répertoire à coté des sociétaires restés fidèles à Paris. M. Richard n'a fait que passer par la Comédie-Française. — Il y reviendra.

DORIA (pseudonyme).

Jeune premier comme le ci-dessus (ils pullulent à ce théâtre, c'est pour ceux qui en manquent). S'est mis au théâtre, non par amour de l'art, mais d'une actrice qui lui fit quitter momentanément ses pinceaux et sa palette. M. Doria a joué un des deux amoureux dans *Rabagas*. M. Doria manie le fleuret comme le pinceau, dont il *s'escrime* sur de grandes toiles.

GOUDRY

Encore un jeune premier... de province. C'est Mlle Favart, excellent juge en matière artistique, qui l'a beaucoup recommandé au Vaudeville. M. Goudry a repris pour ses débuts le rôle de Lafontaine (Prosper Bloch) dans les *Pattes de Mouches* et a interprété d'une façon remarquable le rôle du duc dans la *Comtesse de Sommerive*. M. Goudry doit jouer le principal rôle dans la *Berthe d'Estrées*, de M. Henri Rivière. Quand?

TRAIN

Encore un jeune premier dont le nom fait du bruit dans le Landernau dramatique. M. Train a quitté le Gymnase pour entrer au Vaudeville en même temps que Mlle Massin. M. Train a débuté rue de la Chaussée-d'Antin dans la reprise des *Crochets d'un gendre*, a créé *Ange Bosani*. — Est-ce ironie, est-ce effet du hasard, est-ce caprice? le Vaudeville jouera bientôt une pièce intitulée : *Entre deux trains*. Nous connaissons l'un, que sera l'autre? L'embarras peut n'être pas seulement pour le Vaudeville. M. Train, lui aussi, s'exerce au noble jeu d'épée.

MICHEL

Prix du Conservatoire. A débuté à Paris, puis a joué à Bruxelles où les flamands lui faisaient de grands succès pour la façon pleine d'humour dont il imitait leur accent: *Savez-vous?* Est entré au Vaudeville pour reprendre le rôle de Lafont dans *Rabagas*. Comique de bon aloi que le public de Paris a pleinement accepté.

M. Michel est doué d'une gaîté très-communicative.

LACROIX

A beaucoup couru la province comme premier rôle, a fait de bonnes créations à la Gaîté, dans la *Petite Pologne* et dans les *Trente-deux duels de Jean Gigon.* A un organe efféminé. Se trouve un peu étouffé au Vaudeville où il n'a pu encore se produire que dans Vuillard de *Rabagas* et dans un des témoins faméliques de la pièce de Barrière.

Nota Bene. Le chemin de *Lacroix* n'aboutit pas au Calvaire.

GEORGES

Bon élève du Conservatoire. Est resté longtemps à Bruxelles, a débuté à Paris au Gymnase, puis a joué aux Folies-Dramatiques, au Château-d'Eau, aux Menus-Plaisirs. Engagé au Vaudeville, qui n'a qu'à se louer de lui, M. Georges se plie à toutes les exigences du répertoire, du moment qu'il s'agit d'obliger son directeur. *Première profession* : dessinateur en châles.

JOLIET

J'ai eu le plaisir de le connaître aux Folies-Bergères et de pouvoir apprécier là l'immense dose de patience dont la nature l'a doué.

Ses camarades, qui devaient chanter

chacun à leur tour la chansonnette qui servait de lever de rideau, en étaient arrivés à se faire remplacer tous les jours par ce bon Joliet. Les banquettes des Folies-Bergères, seules, ont pu retenir ce que Joliet leur a chanté pendant deux ans.

Joliet, après avoir demandé à la province les engagements que Paris lui refusait, est entré au Vaudeville, où son ambition est de rechanter la petite chansonnette qu'il chantait aux Folies-Bergères. Tout dernièrement, il n'a pas joué sans talent le rôle de l'homme en bois, que jouait si bien Ricquier dans les *Faux Bonshommes*.

JOURDAN

Prix de comédie du Conservatoire, a été engagé à l'époque de *Rabagas*.

Une des espérances du Vaudeville.

SOUVENIRS RÉTROSPECTIFS

A-PROPOS ET PIÈCES RÉVOLUTIONNAIRES
DU VAUDEVILLE

RAPPORTS DE POLICE

La place de la Bourse, où était le théâtre des Nouveautés (devenu la salle du Vaudeville), a été l'une des premières scènes de la révolution de 1830. La façade de ce théâtre fut éclairée, le soir du mardi 27 juillet, par les flammes qui dévoraient le corps de garde en bois de la gendarmerie, placé sur l'un des côtés de la Bourse. Après la victoire obtenue, les Nouveautés eurent pour la célébrer la palme de la vitesse ; car, dès le 2 août, auteurs et acteurs se trouvèrent prêts. Ce jour-là, Charles X, encore à Rambouillet, adressait au duc d'Orléans la lettre par laquelle il lui annonçait son abdication et la renonciation du Dauphin en faveur du duc de Bordeaux, et le chargeait, comme lieutenant-général du royaume, de faire reconnaître le jeune prince sous le nom de Henri V. Tandis que cette lettre si importante courait vers sa destination (elle fut remise entre les mains du duc d'Orléans à 11 heures du soir), le théâtre de la place de la Bourse prononçait à sa manière le fameux : *il est trop tard*, qui devait être répété dix-huit ans après. Il représentait quelques scènes improvisées sous le titre d'*A-propos patriotique*, par MM. De Villeneuve et Masson. C'était le tableau d'une cour de maison dans le faubourg Saint-Antoine au milieu de la lutte du 29 juillet : les cris, les fracas de la fusillade, les allées et venues des combattants, les cartouches et la charpie que l'on fait tout à la fois, le petit imprimeur qui remplace les balles par des caractères typographiques, les blessés que l'on apporte, le soldat de la ligne qui a passé du côté du peuple, les bonnets de gardes royaux, les cuirasses et autres dépouilles étalées en trophées, les vanteries sur les militaires descendus, un des termes de cet argot sanglant qui passait pour une langue héroïque. Le maçon Gacheux arrivé des Tuileries où le peuple vient d'entrer. Il s'est assis sur le trône. — Y est-on bien ? lui demande un autre. « Oh ! répond Gacheux, si tu savais comme on s'enfonce là-dedans ! Pour n'y pas rester, quand on y est, faut-il qu'un homme soit

cornichon ». Dans ces pièces sur la révolution de juillet, deux uniformes sont en honneur et brillent à l'envi : celui de l'Ecole polytechnique et celui de la Garde Nationale qui s'était rétablie par aussi bien un mouvement spontané, que par l'appel de La Fayette, son commandant en chef.
— La grande averse des pièces, dont l'*A-propos patriotique* des Nouveautés était l'avant-garde, avait commencé coup sur coup. Le 17 août, le Vaudeville donna les *27, 28 et 29 juillet,* dont les auteurs étaient M. Etienne Arago, directeur de ce théâtre, et M. Duvert. Ces trois tableaux reproduisaient chacun des trois jours de la lutte. Le vaudeville final de MM. Arago et Duvert avait des prétentions au don de prophétie : voici un de leurs couplets à prédictions :

> Non, non, donnons-nous l'bras ;
>   Qu'notre allliance
>   Sauve la France !
> Non, non, donnons-nous l'bras ;
> Les Jésuit's ne reviendront pas.

Peu après, le 25 septembre, le Vaudeville donna la *Foire aux places,* de Bayard. Deux ans auparavant, Bayard avait fait avec Scribe la *Manie des places,* et une révolution qui venait à peine de s'accomplir lui fournissait, sur ce même texte, une moisson plus ample que jamais.

Les louanges données à la Garde Nationale trouvaient partout des échos : la *Ligue des femmes ou le Bal et la faction*, de MM. Saintine et Duvert, représentée au Vaudeville le 4 décembre, mit en présence les plaisirs des femmes et les exigences du service, qui réclament les maris, le budget de la toilette et les dépenses de l'uniforme. Du reste, ces dames finissaient par se convertir, d'autant qu'on annonçait un bal, qui serait donné prochainement par la Garde Nationale. C'est dans la *Ligue des femmes* que la milice citoyenne recevait cette glorification historique, pour laquelle Doche fils, digne héritier de l'archet paternel, composa un air si souvent employé depuis pour les rondeaux :

> Ne raillez pas la Garde citoyenne !
> Non ! pas d'outrage à son noble laurier !
> De ses travaux au moins qu'il vous souvienne :
> Honneur ! honneur aux soldats du foyer.

L'arbitraire et l'illégalité avaient rencontré, en ce temps-là, les plus âpres adversaires dans les hommes élevés au pouvoir par la révolution de juillet. Aussi ce fut tout un événement, ce furent des protestations véhémentes, quand le théâtre vit porter atteinte à un régime de liberté dont il croyait être assuré désormais, quand il vit procéder à son égard par coups d'autorité en dehors de la loi. La pièce pour laquelle s'engagea la lutte fut un drame qu'annonçaient *les Nouveautés : le Procès d'un maréchal de France.*

Ce théâtre était réduit aux abois. Ouvert le 1ᵉʳ mars 1827, il n'avait jamais paru, dès ses commencements, réaliser les éléments d'une existence bien solide. La salle construite sur une partie de l'emplacement du passage Feydeau, qui allait de la rue des Filles-Saint-Thomas à l'ancien Opéra-Comique, revenait à un prix fort élevé. La création récente de la Bourse avait donné une grande valeur aux propriétés voisines et le nouveau théâtre, tant pour sa construction même que pour les acquisitions et les rachats de baux qu'il exigea, revint à *trois millions quatre cent soixante-sept mille francs*. Encore n'était-ce pas tout ce qu'il avait coûté : on dut y exécuter des travaux pour baisser le plafond, car l'élévation excessive de la salle, par rapport à sa grandeur, rappelait la forme peu agréable d'un puits. L'entreprise commençait donc dans des conditions bien onéreuses. Une prospérité exceptionnelle aurait été nécessaire pour que les bailleurs de fonds y trouvassent leur compte. Mais ce théâtre eut un grand malhenr : ce fut de n'avoir pas un genre à lui. Outre des vaudevilles, il donna des pièces de musique inédite, des pièces à spectacle ; il reprit bon nombre d'ouvrages précédemment joués ailleurs, ce qui s'accordait mal avec son nom et fit dire dans une revue :

A ces vieilles, vieilles, vieilleries
Je reconnais les nouveautés.

Avec tous ces tâtonnements, ce théâtre fut, dès les premiers temps, comme un malade qui se tourne et se retourne en vain pour trouver une bonne place. A son premier directeur, M. Bérard, succéda, au bout d'un an, M. Langlois, le capitaliste qui avait mis le plus d'argent dans l'affaire. Diverses combinaisons ou associations furent tentées sans qu'il fût possible de raffermir cette entreprise malheureuse. Dans leur existence précaire, les Nouveautés eurent cependant quelques succès assez brillants ; plusieurs acteurs y commencèrent ou y grandirent, notamment M*me* Albert et Bouffé, jusqu'alors en seconde ligne ; mais il y eut profit pour eux plus que pour le théâtre, dont les frais journaliers, ajoutés aux lourdes conditions de premier établissement, formaient un vrai tonneau des Danaïdes.

Le principal intéressé, M. Langlois, avait repris personnellement le gouvernail de l'infortuné navire qui faisait eau de toutes parts. Le *Procès d'un maréchal de France* (1815) pouvait par le sujet exciter une certaine curiosité, faire quelque bruit, retarder sinon empêcher le naufrage. Déjà ce drame avait dû être représenté au théâtre de la Porte-Saint-Martin, lors du procès des ministres de Charles X. Les circonstances n'étaient déjà que trop difficiles pour l'assemblée du Luxembourg, érigée de nouveau en cour de justice, et autour de laquelle les passions s'agitaient avec violence. Le gouvernement vit un danger de plus dans l'évocation dramatisée d'un fait douloureusement fameux, mais il n'intervint que par voie tout à fait amiable. Les auteurs, *Fontan* et *Dupeuty*, furent *priés* par M. de Montalivet, alors ministre de l'intérieur, de se rendre chez lui *pour causer ensemble* de leur ouvrage. Au nom de la paix publique et en leur déclarant même que, quelle que fût leur résolution, il n'aurait jamais recours aux mesures arbitraires, le ministre leur demanda instamment de renoncer, *quant à présent*, à faire jouer la pièce. Les deux auteurs y consentirent sans demander ni accepter aucun dédommagement ; mais, quand la circonstance qui en avait motivé l'ajournement fut passée, que l'on en fut même séparé par un assez long intervalle, le *Procès d'un maréchal de France* fut mis en répétition à la place de la Bourse.

Le samedi 22 octobre 1831, le *Procès d'un maréchal de France* était affiché pour le soir. La pièce, annoncée partout, avait franchi l'épreuve de la dernière répétition, sans que l'autorité eût donné à son égard aucun signe de vie ; mais voilà que, dans la journée même, le Préfet de Police, M. Gisquet, signifie au Directeur défense de représenter l'ouvrage dont il s'agit. — L'infortuné Langlois se raidit avec l'énergie du désespoir contre la défense qui lui était faite et qui ne pouvait s'appuyer sur aucun texte légal. — Il refusa d'obéir, il passa outre et fit tout préparer quand même pour la représentation annoncée. — Il était cinq heures, les bureaux allaient bientôt s'ouvrir. Un commissaire de police apparut, escorté de sergents de ville, et fit apposer des affiches annonçant l'interdiction du *Procès d'un maréchal de France*. Il n'en fallait pas tant pour redoubler l'intérêt qui s'attachait à la pièce. Devant le théâtre, sur cette place de la Bourse, centre de la vie parisienne, la foule ne tarda pas à grossir et à se répandre en discours animés. Toutefois, des officieux-agents ou échos-involontaires de la police assignèrent pour motif à l'interdit une démarche faite auprès du gouvernement par la famille du maréchal Ney, afin que des souvenirs cruels ne fussent pas portés sur le théâtre. Cette version fut formellement démentie dans les journaux du lendemain ; mais elle produisit l'effet voulu et contribua beaucoup à disperser les groupes. M. Langlois, persévérant dans sa résistance, afficha de nouveau la pièce pour le lendemain dimanche. A quatre heures, quand la foule se pressait déjà devant les bureaux, un commissaire de police, celui de la veille, se présenta, réitérant la défense déjà faite. Cette fois, il était accompagné de deux pelotons de garde municipale, l'un d'infanterie, l'autre de cavalerie. Ils furent placés devant l'entrée, que le public, s'animant de plus en plus, menaçait sérieusement de forcer. Devant ce déploiement armé et pour prévenir une véritable émeute avec ses fâcheuses conséquences, le directeur, tout en renouvelant sa protestation fondée sur la Charte de 1830, consentit enfin à ne pas jouer le *Procès d'un maréchal de France*, qui fut remplacé par un autre spectacle, dont faisait partie le *Voyage de la Liberté*, titre qui, dans la circonstance, ne manquait pas d'ironie. Mais le public n'accepta pas ce changement, et, comme il persistait, d'une voix de plus en plus impérieuse, à réclamer l'ouvrage interdit, les portes, que l'on avait ouvertes, furent refermées, et le luminaire fut éteint. Néanmoins, la foule ne se dispersa pas et pendant toute la soirée une vive agitation régna aux alentours.

Le *Procès d'un maréchal de France* fut imprimé avec cette mention : « Non représenté au théâtre des Nouveautés, le 22 octobre 1831, par défense de l'autorité supérieure » et le texte de l'article 7 de la Charte de 1830 : « Les Français ont le droit de publier et faire imprimer leurs opinions en se conformant aux lois : LA CENSURE NE PEUT JAMAIS ÊTRE RÉTABLIE. »

L'infortuné théâtre des Nouveautés se traîna encore péniblement pendant quelque temps et ferma le 15 février 1832. La dernière pièce nouvelle qu'on y joua fut un vaudeville intitulé : le *Mort sous le scellé,* dont le titre, dans cette situation agonisante, à la veille d'une clôture forcée, était à son tour comme une triste ironie. Quelques mois après, l'Opéra-Comique, tout aussi peu chanceux à la salle Ventadour, vint occuper celle de la place de la Bourse, qui fut vendue en 1833 moins du tiers de ce qu'elle avait coûté. Le malheureux M. Langlois eut pour gagne-pain, sur le déclin de l'âge, un modeste emploi à ce même théâtre, où il avait englouti une fortune de *onze cent mille francs.*

Arrêté du Directoire exécutif, en date du 18 nivôse an IV (4 janvier 1796), concernant les spectacles.

«*Le Directoire exécutif* arrête : Tous les directeurs, entrepreneurs et propriétaires des spectacles de Paris sont tenus, sous leur responsabilité individuelle, de faire jouer chaque jour par leur orchestre, avant le lever de la toile, les airs chéris des républicains, tels que : la *Marseillaise*, *Ça ira*, *Veillons au salut de l'Empire* et le *Chant du Départ*.

« Dans l'intervalle de deux pièces, on chantera toujours l'hymne de la Marseillaise ou quelque autre chanson patriotique.

« Le théâtre des Arts donnera, chaque jour de spectacle, une représentation de l'*Offrande à la liberté*, avec ses chœurs et accompagnements ou quelque autre pièce républicaine. »

Ordres, rapports ou analyses de rapports concernant le Vaudeville, sous le Directoire, le Consulat et l'Empire.

THÉATRE FEYDEAU

23 Nivôse an IV (13 janvier 1796).

«Lorsque Gaveaux s'est présenté pour chanter la *Marseillaise*, plusieurs voix se sont élevées du parterre en s'écriant : *A bas le chouan!*

« Le citoyen Serizet, cultivateur, donne avis que, le 1er pluviôse an III, l'artiste qui a chanté la *Marseillaise* au théâtre Feydeau, a omis ce couplet :

Français, en guerriers magnanimes,

que même omission avait eu lieu le 30 nivôse, au Théâtre de la République ; ce qui lui fait soupçonner que l'omission n'est pas involontaire, d'autant plus que ce couplet traite mal les émigrés. »

THÉATRE FEYDEAU

24 Nivôse an IV (14 janvier 1796).

« Rapport de police dans lequel Gaveaux est signalé comme poussant l'audace et l'indécence, jusqu'à porter en ceinture les couleurs proscrites, auxquelles les royalistes aiment à se reconnaître.

Théâtre où, d'ailleurs, l'esprit *chouan* domine. »

THÉATRE DU VAUDEVILLE

27 Nivôse an IV (16 janvier 1796).

(Rapport relatif à l'acteur Fréderic)

« Il chante l'hymne la Marseillaise, en

mettant dans ses gestes toute l'insolence imaginable. Il insulte le parterre, en désignant du doigt l'endroit où siégent les patriotes et en leur appliquant ces mots :

Tremblez, tyrans, et vous, perfides !

Le même a paru dans la *Danse interrompue* avec un uniforme blanc, parements bleus de ciel, uniforme de l'ancien régime qui a excité l'enthousiasme de la salle. »

Signé : BOISSAY, commissaire.

Un autre rapport du même est dirigé contre Henry, acteur du Vaudeville, et se termine ainsi :

« Cette hymne sacrée, chantée de la manière que la chante cet histrion, a eu et aura toujours l'effet contraire qu'en doit attendre le gouvernement. »

THÉATRE DU VAUDEVILLE

3 Pluviôse an IV (23 janvier 1796).

« Le citoyen Boissay demande qu'il soit donné ordre aux directeurs de ce théâtre de lui remettre des billets pour les patriotes indigents, qui se proposent de déjouer en ce spectacle les manœuvres des royalistes dont il est devenu le rendez-vous. »

THÉATRE DU VAUDEVILLE

22 Pluviôse an IV (11 février 1796).

(Rapport du commissaire Boissay)

« Je suis instruit que, chaque jour, les atteintes les plus coupables sont portées aux bonnes mœurs, dans les corridors de la salle du Vaudeville par des femmes sans pudeur et des hommes sans retenue. — Il est de votre devoir de faire cesser ce désordre, auquel le directeur a tenté, en vain, de remédier. »

THÉATRE DU VAUDEVILLE

25 Pluviôse an IV (14 février 1796).

Au quartier général à Paris.

Gouvion, adjoint aux adjudants-généraux, au général Duvignau :

« Je me suis rendu ce soir au théâtre du Vaudeville où, d'après vos ordres, général, j'ai assisté à la représentation qui y a eu lieu. L'hymne de la Liberté, loin d'y être accueillie, y a été couverte de ris moqueurs, de cris : à bas! et d'applaudissements qui n'ont laissé entendre aucune parole. »

THÉATRE FEYDEAU

23 Nivôse an VII (12 janvier 1799).

« Les airs patriotiques qui ont précédé la pièce intitulée *Toberne*, y ont été presque généralement applaudis du parquet, mais non des loges... Le citoyen Gaveaux, auteur de la musique homicide du *Réveil du Peuple*, s'est alors avancé, et a voulu commencer de chanter l'*Hymne à la Liberté*. Il s'est élevé au même instant un tumulte considérable.

« Les patriotes, d'un côté, s'opposaient à ce que Gaveaux, qu'ils appellent le *Chantre des égorgeurs*, chantât l'hymne sacré de la Liberté. D'un autre côté, le parti royaliste, composé en grande partie des musiciens, de quelques volontaires trompés, cette cabale, bien supérieure en nombre, soutenait et applaudissait Gaveaux, qui y répondait par des signes d'audace contre les patriotes ; et ceux-ci demandaient un autre chanteur, en motivant leur demande sur ce que la bouche impure de Gaveaux profanerait l'hymne de la Liberté. »

Le Ministre fit à ce rapport la réponse qui suit, où il est dit :

« Il y a deux moyens de mettre fin à

cette cause de conflit : c'est, en premier lieu, d'interdire au sieur Gaveaux de chanter l'hymne de la Liberté.

« En second lieu, c'est de lui laisser chanter une seconde fois (les patriotes étant en force dans la salle), et de le contraindre par tous les moyens possibles, hors l'effusion du sang, de se retirer honteusement, et s'il persiste, de le couvrir d'une grêle de pommes.

« Cet expédient est aussi simple qu'immanquable. »

Signé : Champion.

Attaché au service intime de la police générale.

THÉATRE DU VAUDEVILLE

23 Nivôse, an VII (12 janvier 1799).

« Ordre à l'acteur chargé du rôle de Brutus de changer son costume, calqué sur ceux du personnage de l'*Intérieur des Comités révolutionnaires.* »

Dans cette pièce, dit le censeur Guéroult, on a essayé de ridiculiser avec adresse l'acteur le plus républicain de l'Odéon. (Il s'agissait d'une parodie d'*Orphée,* tragédie de Lemercier.)

THÉATRE DU VAUDEVILLE

25 Pluviôse, an X (14 février 1802).

Le Ministre aux administrateurs du bureau central de Police :

« Vous voudrez bien, citoyens administrateurs, prendre les mesures nécessaires pour faire fermer le théâtre du Vaudeville dès aujourd'hui, les citoyens directeurs de ce théâtre semblant prendre à tâche de ne point se conformer aux corrections qui leur sont indiquées. Ils viennent de donner un exemple de leur incivisme et de leur désobéissance aux ordres des magistrats chargés de la surveillance des théâtres, dans la pièce intitulée : *Ne pas croire ce que l'on voit*. Ils y ont laissé subsister tous les couplets qui devaient être supprimés, et qui ont donné lieu aux plus dangereuses allusions. »

Fin septembre 1874.

Henry Buguet.

Paris. — Richard-Berthier, 18 et 19, pass. de l'Opéra.

www.ingramcontent.com/pod-product-compliance
Lightning Source LLC
Chambersburg PA
CBHW052300220526
45471CB00001B/425